Antonio Mira de Amescua

El más feliz cautiverio y los sueños de Josef

Edición de Vern Williamson

Barcelona **2024**
Linkgua-ediciones.com

Créditos

Título original: El más feliz cautiverio y los sueños de Josef.

© 2024, Red ediciones S.L.

e-mail: info@linkgua.com

Diseño de cubierta: Michel Mallard.

ISBN tapa dura: 978-84-9897-173-6.
ISBN rústica: 978-84-9816-085-7.
ISBN ebook: 978-84-9897-560-4.

Sumario

Brevísima presentación

La vida

Antonio Mira de Amescua (Guadix, Granada, c. 1574-1644). España.
De familia noble, estudió teología en Guadix y Granada, mezclando su sacerdocio con su dedicación a la literatura. Estuvo en Nápoles al servicio del conde de Lemos y luego vivió en Madrid, donde participó en justas poéticas y fiestas cortesanas.

Personajes

Asenet
Benjamín
Celfora
Clefo
Dina
Faraón
Isacar
Jacob
José
Judá
Leví
Lisea
Mercaderes
Música
Pastores
Putifar
Reina
Rubén
Simeón
Titana

Jornada primera

(Campiña con praderas, peñascos y rebaños de toda especie de ganados pastoriles: Una cisterna en medio. Después de ruido de esquilas, chasquidos de bandas y voces, salen dos pastores, Rubén, Simeón, Judá, Isacar y Leví.)

Simeón	Ahipad los perros: ito, to!
Judá	¡Qué se escapa! ¡Qué se escapa!
Leví	Por el arroyo a la cuesta...
Todos	¡Qué va al monte! ¡Ataja, ataja!
Rubén	Ya será en vano seguirle.
Judá	Ya en la maleza se ampara.
Leví	Ya al monte huye velozmente.
Simeón	Con él la mastina parda emparejó hecha una perra, pero la dejó burlada.
Judá	Temeridad fue el ganado traerle a aquestas montañas de Dotayín, que en Sichem de estos sustos libre estaba.
Leví	Cierto es pues allá no hay fieras.
Rubén	¡Tampoco pasto! Y si le hallan aquí, como veis, es cierto se le mejora de estancia.

Leví	No hay duda que aquí al fin come.
Rubén	Por lo demás en su guarda vigilaremos su riesgo.
Simeón	Pero digo, camaradas, los demás hermanos, ¿cómo no están aquí?
Rubén	No hacen falta con nosotros, pues a todo bastamos sin ellos.
Leví	No haya quien de la historia eche menos tan precisa circunstancia.
Simeón	Nadie ignora, que a esto y cuanto hicimos, todos se hallaban; mas la cómica licencia éstas y otras circunstancias omite o añade, y siempre que a la historia no haga falta, para el adorno es preciso que algún episodio haya. Mas volviendo a nuestro asunto, ¡juro a Dios que el correr cansa! Reniego tal vida. Aquí, aquí quisiera se hallara nuestro hermano el soñador.
Rubén	No le nombres. ¡Calla, calla!

Judá	No le acuerdes. ¡Cesa, cesa!
Leví	No a la memoria le traigas.
Rubén	Que siempre que de él me acuerdo...
Judá	Pues cuando oigo que de él se habla...
Leví	Que aun imaginar en él...
Todos	renueva a mi odio la saña.
Rubén	¡Quién le quitara la vida!
Judá	¡Quién ver su muerte lograra!
Leví	¡Quién jamás le viera!

Simeón
                        ¡Hay cosa!
Pues lo mismo a mí me pasa;
mas decidme, ¿por qué es esto?
¡Qué yo diré cuál la rabia
es que me come! ¿Por qué es?

Rubén
Porque con soberbia tanta
presume que superior
me ha de ser.

Judá
               Porque en casa
nuestro padre a él más que a todos
con cariños agasaja.

Leví
Porque cuanto ejecutamos
falso hermano lo relata.

Simeón	Pues yo, porque padre le ha hecho
	de colores una gala,
	y siendo el menor, nosotros
	siempre andamos en zamarra.

Simeón   Pues yo, porque padre le ha hecho
de colores una gala,
y siendo el menor, nosotros
siempre andamos en zamarra.

Rubén   Mas, ¿qué veo! ¿No es aquél,
si la vista no me engaña,
nuestro contador de sueños?

Isacar   Vele allí. Viene el monarca
que dice hemos de adorar.

Rubén   La ocasión viene rodada
a que de él nos deshagamos
todos tomando venganza.

Simeón   Démosla la muerte, y luego
desnudo a ese pozo caiga.

Judá   Bien dices, y a echarle menos,
diremos que alguna brava
fiera dio fin a su vida.

(Dentro José.)

José   ¡Hermanos!

Rubén   A nuestra saña,
¡muera José!

Todos   ¡José muera!

Simeón   Cuando yo dé una patada,
le embistamos. Disimulo,

	que llega.
Todos	Finjamos.

(Sale José con ropa talar de color, y debajo un pellico de lana.)

Simeón	Vaya.
José	Hermanos, gracias a Dios que encontré quien me guiara donde os halle. Dadme todos los brazos.
Rubén y Leví	Desvía.
Judá y Simeón	Aparta.
José	¿Así premiáis casi un día entero venga de casa, obedeciendo a mi padre a pie de veros?
Rubén	Sí, pues causas nuevo enfado con tu vista cada instante.
Judá	Aún soñadas tus mentiras nos ofenden.
José	No son mentiras. Te engañas.
Simeón	¿Sí? Pues dilas, y también por la que te regañaba

	padre cuando las contaste.
José	Sí, diré, si es que no os cansan.
Rubén	Por esta vez convendremos porque Él lo mandó.
Judá	Aunque enfadan, dilas, que basta Él lo quiera.
Simeón	Con esto mejor se clava.
Isacar	No te detengas.
José	Pues digo, obediente a estas instancias, que soñé estábamos juntos atando la mies dorada en el campo, y el haz mío brioso se levantaba sobre la tierra, y los vuestros con las cabezas dobladas le rendían la obediencia.
Todos	¿Por qué?
José	Porque le adoraban.
Rubén (Aparte.)	(¡Qué locura!)
Judá (Aparte.)	(¡Qué delirio!)
Leví (Aparte.)	(Sin duda el juicio le falta.)

Simeón	Hermano, tú estás borracho, y un lobo a otro te alcanza.
José	Es el otro, que once estrellas, con Luna y Sol a mis plantas se postraban adorando mi majestad soberana.
Rubén	¡Calla loco! ¿Qué pronuncias?
Simeón	¡Quita de ahí, tonto! ¿Qué hablas?
Rubén	¡Qué juzgas que esas estrellas...
Judá	¡Qué crees que estas manadas...
Leví	¡Qué estás en que Sol y Luna...
Rubén	...son en nosotros cifradas!
Judá	...hemos de ser tus hermanos!
Leví	...nuestros dos padres retratan!
Rubén	¿Y postrados adorarte habemos como a monarca?
José	A eso no daré respuesta.
Simeón (Aparte.)	(¡Vaya el trasto noramala! ¿Nosotros a él? ¿Quién es él para fortuna tamaña?) ¿El rey? ¡Mire usted qué rey! Con sota se contentara.

Judá	¿Cómo ese imposible cabe?
Rubén	¿Ni cómo besar tus plantas la familia de Jacob?
José	Lo que el cielo santo me habla, aun por sueños, infalible es para mí.
Simeón (Aparte.)	¡Patarata! (La patada voy a dar.)
Judá (Aparte.)	(¡Qué rencor!)
Leví (Aparte.)	(¡Qué ira!)
Simeón (Aparte.)	(¡Qué rabia!)
Los dos	¡Muera, muera!

(Le da una patada Simeón y le embisten con los cuchillos desnudos.)

Rubén	¡Deteneos!
José	¡Ay de mí! ¿Qué os arrebata, hermanos, contra mi vida?
Rubén	Ved, que es acción inhumana el que en nuestra sangre misma nuestras manos sean manchadas.
(Aparte.)	(Ya en lástima troqué el odio.)
Judá	Pues, ¿cómo ha de morir?

Rubén	Basta que para darle muerte esta cisterna sin agua en su centro le sepulte, pues en sus hondas entrañas sin susto, es fuerza que muera.
Judá	Bien has dicho.
José	¿Qué oigo, ansias?
Rubén (Aparte.)	(¡Oh, si mi intento lograse!)
José	Si mi inocencia os agravia, hermanos, perdón os pido. Mi ruego oíd.
Judá	No oigo nada.
Simeón	Una vez que ha de morir, sea como fuere.
Rubén (Aparte.)	(Esta traza es para poder librarle; que aunque quede en pena tanta de noche vendré a sacarle, cuya fineza la gracia de mi padre adquirir puede, que mal conmigo se halla desque falté al respeto maternal, que debí a Bala.)
José	Doleos de mí.

Simeón	¿Y qué haremos si su muerte nos achacan, viendo no parece?
José	Cielos, vuestras piedades me valgan.
Rubén	Con desnudarle la ropa, y enviarla a casa manchada con sangre de algún cordero esa sospecha se salva; pues creerán que alguna fiera le despedazó en sus garras.
José	¡Qué yo mismo tal escuche! ¡Qué dolor!
Simeón	Al pozo vaya.

(Desnúdanle.)

José	¡Hermanos...!
Simeón	No hay que hermanear.
Leví	Ya está desnudo.
Judá	Pues caiga.
Simeón	¡Agua va! ¡Fuera de abajo!
José	¡Mirad...!
Rubén	Es en vano.

(Échanle en la cisterna.)

José   Valgan
a mi inocencia, Señor,
tus piedades soberanas.

Simeón   Ya está en el hondo.

Judá   Pues ahora
vámonos a la cabaña.

Rubén   Id vosotros, que yo en tanto
que el Sol sus líneas traslada
a otro hemisferio, me parto
a ver si hallo alguna caza.
(Aparte.)   (No es sino para hacer tiempo
de conseguir mi esperanza.)

(Vase Rubén.)

Judá   Ya con esto está contenta
mi cólera, y sosegada.

(Vase Judá.)

Leví   Ya del soñador así
satisfecha va mi saña.

(Vase Leví.)

Simeón   Toma el Sol, toma la Luna,
las estrellas, las manadas,
y el rey; mas, pues a la sombra

estás, no se te dé nada
que un tabardillo te ahorras.
Ahora veremos si mandas,
y a ti nos postramos. ¿Eh?
En descanso esté tu alma.

Judá	¿Simeón?

Simeón	¿Qué hay, hermano Judá?

Judá	¿Qué adquirimos con que haya
de morir así José? ¿Qué?
Al fin, nuestro hermano es. ¡Nada!

Simeón	¿Tal dices? ¡No verle más!

Judá	Pues eso mismo se alcanza
sin que verdugos seamos
de su vida malograda,
siquiera por Jacob.

Simeón	¿Cómo?

Judá	Vimos una carabana
de mercaderes, con muestra
de que va a tierras lejanas.
En el camino la hallamos
al cruzar a la cabaña.
Traté con dos de venderles
a José, y que los traiga
Leví nuestro hermano aquí.
Con que si es matarlo a causa
de no verle más, lo mismo
dándole vida se alcanza,

pues ya más no le veremos
si a remotos climas pasa.
Con cuya acción menos fiera
nuestro intento se afianza.

Simeón   No hay duda que eres discreto.
              Me concluyes. ¡Qué se haga!

(Salen Leví y los dos mercaderes.)

Isacar   Ya los tres llegan.

Mercader I   ¿Que en suma
              nos le vendéis?

Leví   Cosa es clara.

Judá   Mas, decid primero —si
              mi curiosidad no os cansa—
              ¿adónde vais y quién sois?

Mercader I   Dirélo en breves palabras.
              Los dos somos ismaelitas,
              mercaderes, que contrata
              en géneros diferentes,
              corriendo tierras extrañas.
              De Galaad volvemos, donde
              allí a los camellos carga
              dimos de aromas, resina,
              y mirra. Esto es en sustancia.

Mercader II   Ahora vamos a otro clima.

Judá   ¿Lo oyes? Así se afianza

	nuestro gusto.
Mercader I	Y así veamos
	quién se vende.
Simeón	Aquí se guarda
	porque no se nos escape.
	¡Ea, ayudadme!
Mercader I	Pues, que salga.
Judá	¡José, José!
Simeón	¡Ah, soñador!
José	¡Ay, infeliz! ¿Quién me llama?
Judá	Tus hermanos. Sube arriba.
Simeón	Niño, líate esa faja.

(Échanle una faja y sale José.)

Mercader I	¡Qué lástima!
Mercader II	¡Caso extraño!
José	¡Que consiga dicha tanta
	de vosotros! Humillado,
	dejad que os bese las plantas.
Judá	Éste es.
Mercader I	¡Gallardo rapaz!

Mercader II	Joven es de buena traza.
Mercader I	¿Y cuánto queréis por él?
José	¿Qué es lo que oigo? ¿A qué me sacan? ¿Qué intentáis conmigo, hermanos?
Judá	Venderte.
José	¡Venderme! ¡Ay, ansias!
Judá	Treinta monedas me dad.
Simeón	Y es preciso sean en plata.
Mercader I	Tomad. El esclavo es mío.
Simeón	Muy buen provecho le haga.
José	Hermanos míos, ¿qué hacéis? ¿Cómo así —¡desdicha rara!— me abandonáis —¡Qué pesar!— donde —¡los cielos me valgan!— ya jamás os vea mi amor? Condoleos de mis ansias. Mi juventud os lastime. No permitáis que se parta quien en Jacob, y en vosotros se deja cautiva el alma. ¿Esclavo me hacéis? ¡Qué pena! ¿Yo vendido? ¡Suerte airada! ¿Sin veros yo? ¡Y lo que es más, sin goce entre las canas de Jacob, mi anciano padre

los cariños que alcanzaba!
Suspended, pues, el rigor.
Hermanos míos, templanza.
Yo os lo pido, yo os lo ruego.
Basta ya de enojo, basta.
Ved que así de nuestro padre
abreviáis la edad anciana.
No por mí, sino por él

(Se arrodilla.)   atended a mis instancias.
Y si no bastará esto
duélaos verme a vuestras plantas
con lágrimas y sollozos
una y mil veces besarlas.

Mercader I   ¡Qué compasión!

José   ¿Qué decís
para mi consuelo?

Los tres   Nada.

(Vanse los tres.)

Judá   Y pues la entrega os hicimos,
podéis proseguir la marcha.

(Vase Judá.)

Mercader I   ¡Qué impiedad!

Mercader II   ¡Bárbara acción!

José   ¿De qué fiera se contara
temeridad tan impía,

atrocidad más tirana?
Hermanos, volved, mirad...
Pero, ¿para qué se cansa
mi voz si advierto en su envidia
el monstruo que los arrastra?
Cielos, juicios vuestros son
que nadie a saber alcanza.

Mercaderes　　　　Venid, pues.

José　　　　　　　　　Ya os voy siguiendo.
Divino Señor, ampara
mi inocencia; que pues libre
de mis hermanos me sacas,
me salas de la cisterna,
y quieres que esclavo vaya,
sin duda para alto fin
mi mísera vida guardas.
Vuestra voluntad se cumpla.
Adiós, fértiles campañas
de Canaán. Adiós, Mambret.
Adiós, padre de mi alma.
Adiós... pero el llanto me ahoga.
¡Padre! Mas ya la voz falta...
Adiós, pues, que esclavo pobre
y ausente en región extraña,
ya no nos veremos más.
¡Qué desdicha! ¡Qué desgracia!

(Vanse todos. Casa pastoril. Salen cantando y bailando en traje pastoril Dina, Celfora, Lisea, pastoras y pastores, y detrás Jacob.)

Música　　　　　　　«Pastores y zagalas,
pues hoy celebran

de Benjamín los años,
haya pastorela;
y el chisquirristrís
y el chascarrastrás
se repiquen cantando
y bailando
con gozo, con bulla,
con gira y con fiesta.»

Jacob
¡Cuánto, zagales, estimo
el obsequio y la fineza
que vuestros sencillos pechos
a mi Benjamín demuestran!

Dina
Como hoy años cumplió
la familia lisonjea,
padre, lo que amas.

Celfora
Entre
los criados y tus nueras
a ese fin la danza hicimos.

Jacob
Me huelgo, que su belleza
—al fin, hijo del dolor—
amor como a mi alma mesma.

Dina
¿Más que a José?

Jacob
No, ni aun tanto,
que a ése su virtud le eleva
más que a todos; y al mirar
una viva copia bella
en su rostro de mi esposa,
Raquel su madre, me empeña,

por haberla tanto amado,
a que le dé preferencia
en mi pecho.

Celfora   ¿Quiere oír
una copla en buena letra
que yo he hecho a Benjamín?

Lisea   ¿Y otra al mismo fin compuesta?

Jacob   Sí, que mucho de escucharlas
me holgaría.
Las dos   Pues atienda:

(Cantan.)

Celfora   «Los corderillos brincan,
balan las ovejas,
porque así del niño
los años celebran.

Todos   Y el chisquirristrís
y el chascarrastrás
se repiquen cantando
y bailando
con gozo, con bulla,
con gira y con fiesta.»

Lisea   «Festivos los zagales
con cariñosas muestras
a Benjamín dan todos
del día enhorabuenas.

Todos   Y el chisquirristrís

y el chascarrastrás
se repiquen cantando
y bailando
con gozo, con bulla,
con gira y con fiesta.»

Jacob

    De nuevo obligado os quedo
a expresiones tan urbanas,
amigos más que criados;
y pues en estas campañas
de Efraín, ganadero rico
y cosechero en labranzas,
gracias a mi Dios de todo
me colman las abundancias.
Distributivo el trabajo
será bien que a todos haga
sin exceptuar mis hijos,
que con mis rebaños andan
en Sichem. Y aun si no fuera
por mi edad cansada y larga,
sería el primero que
con mi ejemplo os alentara;
que no la primera vez
fuera que la honra enristrara,
guiando el arado corvo
al Sol, la lluvia y la escarcha
la tierra me obedeciera,
y las reses dominara.

Celfora

Ya sabemos que sirvió,
siendo pastor, y la gala
entre todos se llevó.

Jacob

Sí, esa fue Raquel, feriada

por mi servidumbre a costa
de catorce años de ansias.
Pero, ¿cuándo cuesta poco
aquello que mucho valga?

Pastor I

Y di, habiendo acá criados,
¿por qué no nos encargabas
el ganado, y no a tus hijos?

Jacob

Con las fatigas se labran
los hombres. Sepan servir.
Pues, si saben, cosa es clara,
sabrán mandar; que aquél que
por estos grados no pasa,
como no supo servir,
no sabrá lo que se manda.
¡Oh, cómo tarda José
en volver! ¡Oh, qué batalla
al corazón de zozobras
le motiva su tardanza!
Sal a ver si viene.

Pastor I   Ya voy.

(Vase el Pastor.)

Dina

Sosiega, señor, que a casa
querrá el cielo pronto vuelva.

Jacob

¡Ay, Dina! Sin él el alma
vivir no puede. ¡Oh, hijo mío!
Viento, préstale tus alas.

(Sale el Pastor I.)

Pastor I	Nada alcanzo a ver, señor.
Jacob	Ve tú.
Pastor I	Ya obedezco.

(Vase el Pastor I.)

Dina   Vanas,
porque más aprisa llegue,
son esas instancias.

Jacob   Calla,
Dina, que aunque es necedad,
el deseo así se engaña;
y este fingido consuelo
parece que la pena aplaca.

(Sale el Pastor II.)

Pastor II	Ningún hombre, señor, veo.
Jacob	¿Qué dices?
Pastor II	Que no veo nada.
Jacob	¿Cómo es posible? ¿Estáis ciegos? Dejad que yo a verlo vaya.
Dina	Si ha de venir, ¿no conoces que en vano en eso te cansas?
Jacob	Bien dices. ¡Ay, José mío!

Que no sé de tu tardanza
qué teme el alma; mas voy
a hacer tregua en pena tanta
con mi Benjamín. Señor,
lástima habed de mis canas.

(Vase Jacob.)

Pastor I   ¡Extraño afecto de amor!

Dina   Como tanto le idolatra,
se le disculpa el extremo;
pero parece que llaman.
Sin duda es él. Venid todos.

Pastor I   Yo primero.

(Vase el Pastor.)

Dina   A Dios las gracias,
que ya con su vista harán
nuestros sentimientos pausas.

(Sale Jacob.)

Jacob   Parece que oí llamar.

Todos   Sí, señor.

Jacob   Sin duda acaba
de llegar. Venid aprisa,
aprisa.

(Sale el Pastor I con la túnica de José ensangrentada.)

Pastor I	Señor, aguarda,
	que no es José, sino un hombre
	que me dijo en dos palabras:
	«¿Conoces aquesta ropa?»
	Me la dio y volvió la espalda.
Jacob	¡Ay de mí! Pues mi José,
	mi hijo, mi prenda cara,
	¿qué se ha hecho? ¿Dónde está?
	Muy bien la conozco. ¡Ay, ansias!
	Y veo que está cubierta
	de sangre. ¡Pena tirana!
	¡Qué devoraron a mi hijo
	las fieras! Esferas altas,
	¿hay para un padre más mal?
	Ojos, convertidos en agua,
	quedando de llorar ciegos.
Unos	¡Qué desdicha!
Otros	¡Qué desgracia!
Jacob	¿Muerto mi José ¡Ay triste!
	¿Su hermosa luz eclipsada?
	¿Muerto él, y del pecho —oh, cielos—
	el corazón no se arranca
	de pesar? Mis vestiduras
	romperé, y sobre mis canas
	ceniza echaré. Señor,
	¿para qué mi vida guardas?
	¡Qué quebrantado! ¡Ay, infeliz!
	¿Cómo el dolor no me mata?
	No más de el Sol vea la luz,

y en la más oscura estancia
consuma mi amarga vida,
y huyendo de todos vaya
adonde acaben muriendo
las desdichas que me acaban.

(Vase Jacob.)

Pastor I   ¿Llena de sangre la ropa?
                            Los lobos le dieron caza.

Celfora   ¡Qué lástima! ¿Qué haré, muerto
                            el más hermoso?

(Lloran.)

Dina   Mis ansias,
                            hermano, te sacrifico
                            con mis lágrimas mezcladas.

(Al paño Rubén.)

Rubén   Por presto que a la cisterna
                            volví por José, la avara
                            impiedad de mis hermanos
                            le sacó, haciendo que vaya
                            a no verle más, dejando
                            mi diligencia frustrada.
                            ¡Ay, infeliz! Y ahora temo
                            que con nueva tan infausta
                            mi padre pierda la vida.
(Sale Rubén.)   Pues, según advierto, en casa
                            ya lo saben, Dina. ¿Y padre?

Dina	Lamentando la desgracia de José, por ahí se entró, sin que por consuelo...
Rubén	Basta. Yo se le procuraré si mi persuasión abraza.

(Vase Rubén.)

Dina	Nunca yo hubiera nacido.

(Sale Simeón con los otros hermanos al paño.)

Simeón	Según veo las plegarias ya el mensajero cumplió. Aunque fue sin que se hallara presente Rubén, la venta de José, y veis que a casa se adelanta, por su riesgo esta acción ha de callarla, pues le conviene. Lleguemos. Finjamos todos.

(Salen todos.)

Judá	¿Hermana? ¿De qué lloras? Pues, ¿qué es esto?
Dina	¡Ay, hermano de mi alma!
Simeón	Con que a casa congregados venimos, ¿y nos amagan con pucheros? Pues, ¿mejor no fueran ollas de vaca?

Dina	Luego, ¿no sabéis...?
Judá	¿El qué?
Dina	...que ha muerto José?

(Salen Jacob y Rubén.)

Jacob	Aparta, Rubén.
Rubén	Señor, mira...
Judá	Advierte...
Jacob	Dejadme que me deshaga en llanto; que sin mi hijo no habrá consuelo me valga. Murió mi José, murió la prenda que más amaba.
Judá	¿Cómo fue?
Dina	A manos de alguna fiera de aquestas montañas.
Rubén (Aparte.)	(¿Qué más fiera que la envidia que en nosotros su fin traza? Pero mi arrepentimiento digan mis ropas rascadas al no hallarle.)
Simeón (Aparte.)	(Lo logramos.)

Rubén	Pues, señor, si la desgracia ya ha sucedido, conforme con la voluntad sagrada del cielo, tu virtud muestra.
,Judá	Aunque un hijo en él te falta, once te permite Dios, en quien el amor repartas.
Dina	Padre, no a Dios enojéis, pues ser su voluntad basta.
Simeón	Como yo viva, que mueran los demás no importa nada.
Leví	Padre, suspended el llanto.
Rubén	Desechad congoja tanta.
Judá	Olvidad ya tal quebranto.
Dina	Borrad ya pena tan rara.
Jacob	No, hijos míos, no es posible. Vuestro deseo se cansa en vano, que ya el consuelo ha faltado de mis canas, el deleite de mis ojos, y el placer de toda el alma. Sin él, ya moriré presto. Dejadme que muera, y vaya a unirme con mi José, donde mis abuelos se hallan.

Contigo me lleva al seno,
sí, mi José. No te partas
que ya te sigo, hijo mío.
Aguarda, José, aguarda.

(Vase Jacob.)

Dina   Señor, espera, detente.

Rubén   Nada hay que le persuada.

Dina   Vamos tras él, porque temo
                        según la pasión le arrastra,
                        algún despecho.

Judá   Venid.

(Vanse Judá y Dina.)

Unos   Vamos todos.

Simeón   ¡Brava zambra
                        por el soñador hicimos;
                        mas ya la suerte está echada.

(Vanse todos. [Atrio y portada del templo]. Salen el rey Faraón, la Reina, Putifar, Clefo, y acompañamiento por un lado y por otro Asenet, Titana y otras, de sacerdotisas, cantando.)

Música   «Reciban del templo
                        las métricas salvas
                        al ínclito rey,
                        de Egipto monarca.»

Todos	¡Viva, viva Faraón!
	¡Viva, y reine edades largas!
Asenet	Enhorabuena lleguen vuestras reales
	majestades del templo a los umbrales,
	en quien las sacras puertas
	aguardando a que entren son abiertas.
Faraón	Primero que a mi ejemplo
	entren cuantos me siguen en el templo,
	quiero sepan mi intento reverente.
Todos	Ya le escuchamos.
Faraón	Oíd atentamente.
	Reina, esposa y señora,
	a quien mi tierno amor por dueño adora;
	tú, Putifar valiente,
	general de mis armas y mi gente;
	Clefo, a cuya lealtad, grandeza y brío
	doy el honor de gran copero mío;
	bella Asenet, mayor sacerdotisa
	del dios Serapis, cuyo culto avisa,
	vuestra virtud proviene
	de vuestro padre Putifar, que tiene
	el honor, aunque ausente es, bien denote
	de Heliópolis ser grande sacerdote;
	gran Menfis, corte mía...
	rendido a una interior melancolía,
	estoy confuso y ciego,
	sin que de tan cruel desasosiego
	suspenda o borre el curso
	de artificios humanos el discurso,
	pues cuantos sabios ante mí se vieron,

al consultar mi mal se confundieron
sin acertar ninguno,
según mi dicha, en mal oportuno;
así, no hallando alivio en los mortales,
acudo a los auxilios celestiales
porque Serapis, dios de Egipto, diga
el remedio que acabe a tal fatiga.

Reina   Si eso intentáis, ¿en qué nos detenemos?

Asenet   Su oráculo os espera.

Faraón   Pues, entremos;
y todos me seguid.

Todos   Ya todos vamos.

Asenet   Y porque a su deidad propicia oigamos,
invoque el dulce coro su clemencia
diciendo armoniosa la cadencia.

(Éntranse con el cuadro, con el que volverán a salir en el templo que se des-
cubrirá donde se arrodillarán todos ante el dios Serapis, que estará al foro en
forma de humano.)

Música   «Serapis, dios sagrado,
postrados te pedimos
las máximas declares
de arcanos escondidos.»

Asenet   Respuesta no esperéis presto;
que se muestra ensordecido
a nuestro ruego, y sin duda
gran mal amenaza a Egipto.

Faraón	¿Qué más mal que el que padece
	en sueños el pecho mío?
Clefo (Aparte.)	¿Sueños, señor? (¡Qué hasta ahora
	tuviese a José en olvido!)
	Si me creéis...

| Faraón | Clefo, di. |

| Clefo | Yo traeré quien de ese abismo |
| | te libre... |

| Reina | ¿Qué oigo? |

| Faraón | ¿Qué dices? |

Clefo	Que está preso, señor, digo,
	un hebreo en Menfis, que
	en aquel paraje mismo
	a mí y a tu panadero,
	cuando presos estuvimos,
	nos adivinó dos sueños
	que luego vimos cumplidos,
	pues a él le anunció la muerte
	y a mí ser restituído
	a mi libertad y empleo,
	con que a un tiempo ambos salimos,
	yo a serviros a la mesa,
	y él a ocupar un suplicio.

| Faraón | Ve al punto por él, no tardes. |

| Reina | ¡Qué ventura! |

Clefo	Así te sirvo.

(Vase Clefo.)

Putifar	Ése es un joven, señor,
	de cuya virtud afirmo
	ser la mayor. Es mi esclavo,
	y haciéndole mi valido
	algún malévolo ceño
	le calumnió de un delito,
	que ya sé no hizo, y preso
	le puse para castigo.

Faraón	Pues, si inocente está, ¿cómo
	no le libráis?

Putifar	Fue en mí olvido.
(Aparte.)	(¡Ah, infiel esposa! Que si
	no me hubieres dado aviso,
	al morir, de la inocencia
	de José y del inicuo
	arrojo tuyo, ¡mil vidas
	te quitara el furor mío!)

(Salen Clefo y José.)

Clefo	Éste es José, el hebreo
	que os dije.

José	Y el que rendido
	besa vuestra heroica planta.

Faraón	¡Gentil presencia!

Reina	¡Buen brío!
José (Aparte.)	(¿Hasta dónde cruel Fortuna, llegará su ceño esquivo?)
Faraón	Alza del suelo.
Titana	¡Buen mozo!
Putifar	De verlo me regocijo.
Asenet	¡Gallardo el hebreo es!
Faraón	¿Dónde naciste, cautivo?
José	En la tierra de Canaán.
Faraón	Pues, si entre hebreo y Egipcio hay paz, ¿qué te esclavizó?
José	Tales y tan exquisitos son mis sucesos, que muero al dolor de referirlos, por no infamar con mis voces a quien fueron motivo de ello; mas yo les perdono y amo como a mí mismo.
Reina	¿Por qué indicio preso estabas?
José	Por el que una mujer hizo valiéndose de mis ropas en mi fuga; mas no digo quién es ni que tenga culpa aunque yo muera, pues libro

	un honor ajeno a costa de los baldones del mío.
Putifar (Aparte.)	(¡Qué cuerdo el cómplice oculta y manifiesta el delito!)
Faraón	Admirado estoy de oírte.
Asenet	¡Qué galán, y qué entendido!
Faraón	A esto te llamo. De todos cuantos sabios y adivinos junté a consultar dos sueños que tuve, ningún viso de verdad me han dado.
José	No es de los hombres, rey invicto, de quien la verdad sabréis, sino de Dios, a quien sirvo. Decidlos, que en Él espero veáis al punto los descifro.
Faraón	Pues el primer sueño fue que veía salir de un río siete gruesas vacas, y [pasando] a otro distrito, [en aquél se apacentaban]. Luego otras siete salir miro tan flacas y tan hambrientas que devoran de improviso [las] que pacían, como antes quedando esqueletos vivos. Fue el segundo, que en un valle

con fruto hermoso y opimo
[del trigo vi siete espigas],
siete después diviso
secas, mustas y sin grano
que a las primeras abrigo
en su vientre dieron, donde
su fruto fue consumido.
Esto ha sido lo soñado.
Y pues ya te hice testigo
de mi confusión, tus labios
den a mis ansias alivio.

José (Aparte.)   (De que ya me alumbráis, gracias
os doy, Señor infinito.)
   Ésas gordas y hermosas siete vacas,
siete fértiles años significan.
Siete estériles luego pronostican
las otras siete exánimes y flacas.
   Las espigas que al sueño después sacas,
lo mismo que las vacas significan;
que unas con fruto, otras sin él indican
gran mal a las provincias egipciacas.

....
....
....
....
....
....

   Por los siete años primeros
de tu Erario has de mandar
la quinta parte comprar
de cuanto los cosecheros
cojan; y luego en graneros,

que para esto harás hacer,
esta copia has de poner,
comprada en un precio tal
que al mismo luego puntual
el trigo hayas de vender.

    Pasado el tiempo dichoso,
llega el infeliz, y a ti
por trigo vendrán, y así
que lo has de dar es forzoso.
Este arbitrio es provechoso,
fuerza es que el reino convenga
sin que en tu perjuicio venga.
Con lo cual te satisfaces
y con tal socorro haces
que tu reino se mantenga.

    Si esto haces, encontrarán,
como remedio del cielo,
el afligido consuelo,
el necesitado pan,
el rico ningún afán,
el pobre amparo dichoso,
el huérfano su reposo,
el vasallo su placer,
y tu imperio vendrá a ser
el reino más venturoso.

Faraón   ¡Oh, cielo! Ya he descansado.
                Solo creo cuanto hablaste
                en que mi pena aquietaste.

Asenet   De alto espíritu es dotado
                pues solo él a eso ha bastado.

Reina   Sus juicios, no naturales,

decretos son celestiales.

Faraón   Llega a mis brazos, que creo
cuanto dices.

José   Mi deseo
se encumbra a tus plantas reales.

Faraón   Pues, mal y cura divina
tu voz me ha aclarado ya.
¿Quién mejor que tú podrá
usar de la medicina?
Pues tu ciencia es peregrina,
que a eso acuda. Me acomodo
mandándolo; y aun en todo
mi reino te han de adorar
como a mí.

Titana   Esto es soñar.

José   Señor, ¿cómo?

Faraón   De este modo.
Esta púrpura publique
que otro yo en Egipto [fueres],
Y el que en su dominio eres,
en tu diestra el cetro indique.

(Le va poniendo las insignias.)

Mi anillo real se dedique
a tu mano, y cuanto abona.
Solo en mí está la corona,
lo demás todo está en ti;
con que ya, José, así

eres mi misma persona.

José (Aparte.)	(¡Ay, padre! ¡Ay, hermanos! ¡Si vierais tanto galardón!)
Faraón	A José aclamación todos repetid aquí.
Todos	¡Viva José!
Faraón	No sea así, que pues a Egipto salvó, Salvador bien se llamó de este reino en tal conflicto.
Todos	¡Viva el Salvador de Egipto!
Reina	¡Quién tanto bien alcanzó!
Faraón	Repetid esos acentos.
Todos	¡Viva el que nos remedió!
Faraón	Con tales aplausos yo logro el fin de mis contentos. Todos le seguid atentos.
Todos	Así lo haremos.
José (Aparte.)	(Señor, humilde os bendigo por tan soberanos portentos.)

....
....

Faraón	En mi carro ahora vendrás.
José	De indigno a todo me alabo.
Asenet	¿Quién vio más feliz esclavo?
Reina	¿Quién tal dicha vio jamás?
Faraón	Asenet, que aplauda harás el coro a José.
Asenet	Obliga tu ley a que tal consiga.
Hombres	Pues, en cadencias veloces...
Mujeres	Pues, en alternadas voces...
Hombres	Diga el gusto...
Mujeres	El placer diga...

(Cantan todos.)

Música   «Al Salvador de Egipto
rindamos alabanzas,
como a su rey segundo,
que viva y que le aplaudan.»

Fin de la primera jornada

Jornada segunda

(Casa pastoril. Salen Benjamín de pastor con arco y flechas, Dina y Celfora.)

Dina

          ¿Cómo, Benjamín, a casa
vuelves tan presto del monte?

Benjamín

Porque yo de su horizonte,
mientras la fuerza al Sol pasa,
  dos conejos he traído,
triunfos de mi flecha, a Dina.

Celfora

Los he visto en la cocina.

Benjamín

¿Y nuestro padre?

Dina

           Abstraído
  como siempre en su manía
todo es con José hablar,
y así piensa consolar
su grande melancolía.

Celfora

    Después que el hijo perdió,
por los rincones consigo
siempre habla a solas.

Benjamín

         Testigo
soy pesaroso a eso yo.
  ¡Ay, padre!, tu dolor siento.

(Dentro.)

Jacob

José... José...

Benjamín
      Mas ya allí
viene; retiraos de aquí.

Dina
  ¡Mal atroz!

Benjamín
    ¡Fiero tormento!

(Sale Jacob.)

Jacob
  José, espera, hijo mío,
no te me apartes tan presto,
oye, aguarda... Mas, ¿qué es esto?
¿Hay tan mental desvarío?

Dina
  Crédito da a sus ficciones
con José hablando.

Benjamín
     Ese error
lo ha motivado su amor,
creyendo en sus ilusiones
 que ve a José.

Dina
     Ya se advierte.

Jacob
Vuelve a mi pecho halagüeño.
Mira... ¿Qué hago? Que esto es sueño.

Benjamín
¡Qué lástima!

Dina
   ¡Pena fuerte!

Jacob
  Pero sea, no sea, así
mi tormento engaño esquivo,
creyendo le veo vivo,

yo mismo me engaño a mí
   juzgando que le hablo yo,
y él me responde. José,
¿Por qué has tardado, por qué,
en venir?

Celfora   ¿Quién tal creyó?

Jacob   Dirás que antes no podías.
¿Quedan buenos tus hermanos?
¿Están los ganados sanos?
¿Van abundantes las crías?
   ¿Que sí dices? ¡Gloria a Dios!
¿Viven mis hijos en paz?
Mas, ¿cómo tanto, rapaz,
en volver tardasteis vos?
   Va enhoramala, que al pecho
dio cuidado su importuna
tardanza, como si alguna
cosa fuera de provecho.
   ¿Por traerle a Benjamín
unos naterotes? ¿Eh?
Pues, ¿y cuál primero fue?
¿Mi encargo? ¿O él? Pero en fin
   esta tardanza que infamo,
riña mi enojo sin tasa.
Al punto sal de mi casa,
váyase a buscar un amo,
   vaya, que no ha de parar
más en ella. Sí, señor,
aguardando está mi amor
y él tardar, ¿y más tardar?
   Parece le ha enternecido.
Nada digas. No he de oírte.

                                  Quita. De mí no has de asirte.
                                  ¿Lloras? Mucho lo ha sentido.

Benjamín   Yo llego; que a más no espero.

Dina   Hablémosle.

Jacob   ¡Ay, que se va!
                                  No, hijo mío, vuelve acá.
                                  Ya se acabó. Yo te quiero.
                                     Mira, escucha; que me aflijo.
                                  Perdóneme, y con sus lazos
                                  te detengan mis abrazos.

(Le abraza a Benjamín.)

Benjamín   Muestra.

Jacob   ¿Quién eres?

Benjamín   Tu hijo.

Jacob   ¿Mi hijo José?

Benjamín   Tanta gloria
                                  no alcanzo.

Jacob   Ansias felices.

Benjamín   Yo soy Benjamín.

Jacob   ¿Qué dices?
                                  ¡Oh, rigurosa memoria!

Benjamín	Si José vivir pudiera con mi muerte, por tu gusto yo me la diera.
Jacob	No es justo. ¡Ay, Benjamín! De manera a esta pasión me provoco que aun contigo, como ves, no le olvido, y al través da el juicio náufrago y loco.
Benjamín	Sabe Dios cuanto a llorar mi amor tu pena llegó.
Jacob	También a ti te amo yo.

(Dentro.)

Hermanos	Danos el pan.
Simeón	No he de dar.
Jacob	¿Qué es esto? ¡Ruidos prolijos!
Simeón	Digo que no le han de ver.

(Sale Simeón con un pan, todos los hermanos tras él.)

Todos	Quitádsele.
Simeón	No ha de ser; que yo le hallé.
Jacob	¿Cómo, hijos,

ante mí con tal desmán
veáis?

Todos   Partamos.

Simeón   No quiero.

Jacob   El saber qué fue esto espero.

Rubén   Esto es, que se ha hallado un pan
      Simeón, y andando escaso
en casa, todos le habemos
pedido de él alcancemos;
mas, señor, por ningún caso
      a nuestra necesidad
atendió; con que quisimos
quitársele. Aquí salimos,
y repugna su impiedad
      nuestro ruego.

Jacob   ¡Qué esto escucho!

Dina   ¿Por qué no repartes, loco?

Simeón   Porque es para todos poco,
y para mí, al fin, no es mucho.

Jacob   Esa acción de vil te ultraja.

Simeón   Pues si tal hambre me obliga
que parece en mi barriga
un pan nada, una migaja.

Jacob   Con ellos parte, que hermanos

y deudos son.

Simeón No hay parientes
para mí más que mis dientes.

Isacar ¡Qué hagas nuestros ruegos vanos!

Celfora Marido, el pan dame entero,
verás que en todos aquí
se parte igual.

Simeón ¿Quieres?

Celfora Sí.

Simeón Pues si tú quieres, no quiero.

Celfora Dámele, que yo a comer
dos trozos te daré unidos.

Simeón No soy yo de los maridos
a quien manda su mujer.

Rubén Es en balde porfiar.

Jacob ¡Qué esto pase! ¿Qué quebranto?

Dina ¿Por qué es, señor, ahora el llanto?

Rubén ¿Por esto es vuestro pesar?

Jacob No, hijos míos, que es por ver
en tal estado mi casa
con la miseria que pasa.

Simeón	Harta es, pues no hay qué comer.
Judá	La esterilidad es fuerte.
Leví	Los ganados consumió.
Benjamín	Ningún grano se cogió.
Isacar	El hambre nos da la muerte.
Celfora	Ya se gastó lo guardado.
Dina	En los pueblos de Canaán apenas se hallará un pan.
Jacob	Es que está Dios enojado.
Rubén	Imposible es esperar más aquí; que fallecer al hambre fuerza ha de ser.
Jacob	Si eso llegáis a mirar, como vuestra negligencia permite la dilación al remedio, en ocasión que a tan infeliz urgencia, buscar se debe consuelo para todos?
Isacar	¿Cómo o cuándo, padre y señor?
Jacob	¿Cómo? Dando para ello favor al cielo.

Rubén	¿Cuándo?
Jacob	Ahora. Y pues llegaron noticias a este distrito, que hay abundante en Egipto pan, y la paja arrojaron, 　por sobrar, al Nilo, ¿qué hay, viendo esto, que esperar sin a Egipto caminar a comprar trigo? Y nos dé 　como a sus pueblos vecinos socorro al cual van y vienen. Ya que este mal nos previenen los justos juicios divinos. 　De vosotros, sí, debía este aviso de nacer, y tal jornada emprender; que a no ser por la edad mía, 　larga y achacosa ya, puesto me hubiera en camino.
Rubén	Avergonzado me inclino —pues tu acierto el modo da— 　luego a hacerlo.
Judá	No habrá quien ya en eso culpe de omisa nuestra acción.
Leví	Vamos aprisa.
Simeón	Vamos, que yo voy también.
Jacob	Que os ausentéis mucho siento;

y extrañeza, hijos, no os dé.
Benjamín no vaya; que
su tierna edad sufrimiento
   al trabajo no le da,
que en el camino inferís.

Benjamín
¿Aqueso, padre, decís?
Yo el primero he de ir allá.
   ¿Qué ha de juzgarse de mí
si por pan, señor, no voy?
¿Para buscarlo, no soy,
y para comerlo, sí?

Simeón
   Que vaya.

Jacob
               No tal me nombres.
Es muy niño.

Benjamín
               ¡Qué agasajos!
¿Qué importa? Que los trabajos
se hicieron para los hombres.

Jacob
   Gracia me hizo.

Simeón
               ¿Hombre sois vos
renacuajo?

Benjamín
            ¡Hablen mis tratos!

Simeón
¿Hay tal cosa? Hasta los gatos,
señores, hoy tienen tos.

Rubén
   Quede él pues de eso gustáis.

Jacob	Sí, que vuestra ausencia cruel menos sentiré con él. ¡Ea, pues! ¿A qué guardáis? Llevad caudal suficiente para todos, que tenemos bastante. ¡A Dios gracias!
Simeón	¿Y hemos de ir a pie?
Dina	¡Qué impertinente!
Simeón	¿No os parezca son molestias?
Jacob	¿Cómo a pie? Cuando traéis cargas, bestias llevaréis.
Simeón	Y pregunto: Entre esas bestias el asno, con que salir sueles al campo, ¿se incluye, que anda bien?
Jacob	Sí, no se excluye aun el mío.
Simeón	Quiero ir a prevenirle muy bien.
Rubén	Mejor es, por más sentado su paso, el más delicado vaya en él.
Isacar	Sea Rubén.

Simeón	No quiero.
Isacar	Pues iré yo.
Simeón	Tampoco.
Judá	Yo quite dudas, que en él iré.
Simeón	Menos, Judas.
Leví	Pues, me toca a mí.
Simeón	Eso no. A cada uno llevar cuadre su burro propio y no ajeno, que a mí toca por bueno el que ha cedido mi padre.
Celfora	¿Por memoria verdadera me traerás algo bonito?
Simeón	Los pirámides de Egipto.
Celfora	¿Y adónde...?
Simeón	En la faltriquera. Son maravilla.
Celfora	Muy bien. Tú uno te comerás, y comeré los demás.
Todos	Vamos, pues.

Jacob	Hijo, Rubén, para que no os cause ultraje —advertid en lo que os digo— si a la corte vais por trigo, llevad más decente traje.
Rubén	A tus pies, en compañía, para que al punto partamos, la Bendición aguardamos.
Jacob	Pues la dé Dios, y la mía os alcance.
Judá	Padre, adiós.
Jacob	Adiós. Ya me he enternecido.
Simeón	Adiós, hombre.
Celfora	Adiós, marido.
Benjamín y Dina	Adiós.
Todos	Él guarde a los dos.

(Vanse los hermanos.)

Jacob	Dios, cuanto antes a mi vista los traiga; y si a consolarme en algún modo bastarme puede, Benjamín me asista; pues después de José, en mí

más que todos es querido.

Benjamín (Aparte.)   (¡Cuánto el no ir he sentido!)

Jacob   Benjamín, ¿qué traes ahí?

Dina   Su flecha y arco es, señor.

Celfora   Vino de caza ahora el niño.

Jacob   No me calumnies cariño,
que lisonjee mi amor.

Benjamín   A guardarle voy.

Jacob   Detén.
(Aparte.)   (No este afecto paternal
se me culpe.) ¿Y tiras mal?

Benjamín   ¿Cómo mal, si no hallo quien
mi tiro aventaje?

Jacob   ¡Error!

Benjamín   No es error.

Dina   ¡Buenos extremos
y padre e hijo!

Jacob   Apostemos
a que tiro yo mejor.

Benjamín   ¿De veras?

Jacob	Sí.
Benjamín	Pues, ¿qué apuesto?
Jacob	Tres abrazos.
Benjamín	Yo me allano.
Jacob	Yo siempre, aunque pierda, gano pues le abrazo.
Celfora	Vaya presto, a ver quién gana.
Jacob	Tú, empieza.
Benjamín	Obedezco. El blanco es aquel postigo que ves entornado. Ahora, ¡destreza! ¡Lo erré!
Jacob	Lucido has quedado.
Dina	¿Cuál ganará de los dos?
Jacob	Yo tiro en nombre de Dios. ¡Vive Dios, que le he acertado! Para acertar, ignorante, es preciso en cualquier modo invocar a Dios, y en todo su auxilio llevar delante.
Benjamín	Seguiré aquesa doctrina. Yo perdí.

Jacob	Págame, pues.
Benjamín (Le abraza.)	Ya voy. Uno... Dos... Tres...
Celfora	El viejo está chocho, Dina.
Jacob	Vuelve acá.
Benjamín	Si te he pagado, ¿a qué, señor?
Jacob	¡Bueno, a fe! A volvértelos, porque no soy nada interesado.
(Le abraza.)	Uno... Dos... Tres...
Dina	Que ignore no es bien eso, ¿por qué fue? ¿Por abrazar, o por qué?
Jacob	¿Qué abrazar? Porque no llore la pérdida. ¡Cuál me gusta! Ya lo ganado volví; que siempre galante fui.
Benjamín	Mas con todo, no se ajusta esto así.
Jacob	Pues, ¿qué ha faltado?
Benjamín	Me deis la mano a besar, pues ya la llegó a aguardar

y bendición, postrado.

Dina   ¡Qué humildad!

Jacob   Dichoso vos.
           Venid.

Dina   ¿No darlas dispones?
           Sí, que aquestas bendiciones
           ahora son mías, y de Dios.

Benjamín   Ahora vamos.

Jacob   Ven. Es fijo,
           que no hay nada que más cuadre
           en el mundo para un padre
           que el que Dios le dé un buen hijo.

(Vanse todos. Salen Faraón, la Reina, José, Putifar, Clefo, y guardia.)

Unos   ¡Viva el remedio de Egipto.

Otros   ¡José, viva, amparo nuestro!

Faraón   Con esas aclamaciones mi grandeza lisonjeo; porque, ¿qué mayor indicio de que tu persona aprecio de ti obligado, José, que el que aplauda en ti mi reino otro yo? Con cuya dicha entrambos felices vemos, yo que no puedo hacer más, ni tú de mí esperar menos.

José   ¿Cuándo, señor, mi bajeza de esclavo rendido y preso subir pensó a tanto olimpo? Vos me hacéis, señor, de nuevo.

Faraón	Alza, José a mis brazos.
Putifar	¡Qué modestia!
Clefo	¡Qué respeto!
Faraón	Por ti viven mis vasallos.
Reina	Solo tu sabio gobierno, visiblemente mostró ser celestiales decretos los que nos da tu conducta; pues en todo hallando acierto con universal aplauso adoraciones debemos. Más que humano es tu discurso.
Faraón	Por ti, José, tengo reino.
José	Tan grande dicha, señor, solo la debéis al cielo, no a mí, aunque de ella quiso hacerme a mí, el instrumento.
Faraón	Ya es hora que nos des audiencia y pues Putifar y Clefo te acompañan, y te sirven, con ellos José te dejo; que ya en ocho primaveras que te asisten, habrás de ellos noble experiencia sacado; quédate, pero advirtiendo que al que castigas, castigo, y al que le premias, le premio.
José	Del favor de Dios valido, y después, señor, del vuestro, mostraré a Egipto que soy de tanto Sol un destello.

(Vanse los reyes y acompañamiento.)

José	Aunque varia la fortuna con su instable movimiento, me sublime a tanta alteza, desde pobre, esclavo y preso, mandando a quien yo serví, de nada me desvanezco; pues mis míseros principios jamás olvidarlos puedo. Y

	así, Putifar, no hagáis, de que os mando, sentimiento; no vos, Clefo, pues a mí no asistís, sino a mi empleo.
Putifar	El servirte es nuestra dicha, ufanos que en nuestro pecho tu afabilidad impera.
Clefo	Tu bondad hace que excelso nuestro amor te adore.
José	¡Basta! ¿Qué memoriales hay?
Putifar	Éstos, que son de soldados pobres.
Clefo	Y éstos de viudas.
José	Leedlos.
Putifar	Éste es de un caudillo, que ha llegado a pobre y viejo. Pide alivio.
José	¿Y qué servicios?
Putifar	Hallarse en muchos encuentros campales, sin que ninguno a que asistió en todos éstos, perdiese.
José	¡Rara fortuna! ¿Certificaciones de eso?
Putifar	Veinte y seis heridas, que en su cuerpo sacó de ellos y todas en pecho y rostro.
José	Señal que no huyó; lo creo. Pues por enfermo está inútil para un gobierno, andad presto y mandad de el rey erario se le dé medio talento.
Putifar	Así lo haré, gran señor.

(Vase Putifar.)

José   Dadme esotros vuestros, Clefo, quiero leer... mas, venir miro a Asenet, sus rayos siendo ardor dulce de las almas, de albedríos cautiverio.

(Salen Asenet y Titana.)

Asenet   Solo, Titana, conmigo entre, que hablar al rey quiero porque mi padre... ¡José!

José   Bella Asenet, pues, ¿qué intento, dejando el sagrado culto vuestra asistencia del templo, pretendiente os muestra cuando árbitro a nuestros deseos vuestra hermosura absoluta se grangea los decretos? Que un favor vuestro...

Asenet   No más; que es en mi oído tan nuevo ese acento de favor, que origina a mi respeto en un desengaño urbano mis cortesanos desprecios. Y pues me llama el cuidado del intento con que vengo a ver al rey, no estorbéis pase a hablarle; que aunque creo buen despacho hallar en vos, —que al fin, ministro, que advierto voces usar de favor, no estará de hacerle lejos a una dama— el rey sabrá lo que es justo que oiga espero de mi anhelo. Adiós, José.

(Vase Asenet.)

José   Él os guarde.

Titana   (¡Hola, qué tierno empezó; pero dio en duro! Límpiese, que está de huevo.)

(Vase Titana.)

Clefo	Es sin igual su recato.
José	¿Has visto desdén tan bello como, al oírme, su rostro hizo con rubor honesto? Homicida es de las almas.

(Dentro voces.)

Unos	Pan, señor. ¡Que perecemos!
Otros	Trigo, salvador de Egipto.
Todos	¡Socorro, todos perecemos!
José	¿Qué es esto?
Clefo	Que ya pasando el tiempo bueno, y habiendo llegado el calamitoso, como otras veces lo ha hecho, a las puertas de palacio a voces pan pide el pueblo.

(Sale Putifar.)

Putifar	Ya, señor, te obedecí; mas tu generoso afecto la necesidad atienda, que dice en clamor el viento...
Unos	Señor, pan.
Otros	Trigo, señor.
Todos	¡Que de hambre perecemos!

José	Sí, hijos míos, yo os daré socorro. Haced francos luego [todos] los reales pósitos; y al Egipto prefiriendo, generalmente pan lleven naturales y extranjeros.
Putifar	Comunicaré la orden.

(Vase Putifar.)

Clefo	Solo, señor, tu gobierno a tal escasez pudiera facilitar el consuelo.
José	¡Si mi padre y mis hermanos hambre estarán padeciendo! ¡Ay de mí! Cielos divinos, ¿quién pudiera socorrerlos?

(Dentro.)

Rubén	Al príncipe hemos de hablar.
Judá	Entremos a hablarle.
Hermanos	Entremos.
José	¡Hola! ¿Qué voces son ésas?

(Sale Putifar.)

Putifar	Señor, unos extranjeros a quien impide la guardia. ¿Qué te hablen?
José	Entren presto.
Putifar	Llegad, extranjeros, que aquí está el príncipe excelso.

(Salen todos los hermanos y se arrodillan.)

Rubén   Hermanos, todos en tierra la rodilla, le adoremos. Ante vuestra majestad, piadoso señor...

José (Aparte.)   (¡Qué veo!)

Rubén   Pedimos socorro...

José (Aparte.)   (¡Ay, alma!)

Rubén   Dé trigo...

José (Aparte.)   (¿Si es esto sueño? ¿No son éstos mis hermanos?)

Rubén   Que pagaremos al precio de la real tarifa.

José (Aparte.)   (Sí, en esto no hay duda. ¡Cielos, qué placer! No me conocen; mas, después de tanto tiempo, ¿qué mucho, y más, elevado en tan soberano puesto?)

Judá   Nuestra súplica atended.

Leví   Nuestro lastimoso ruego...

Isacar   Nuestra infelice miseria...

Rubén   Y postrados, dando al suelo la faz, permite, señor, que como rey te adoremos.

José (Aparte.)   (En fin, divino Señor, ya mis sueños se cumplieron. Por abrazarlos me da el corazón en el pecho mil saltos.

Pero, alborozo, reprimamos los deseos; bien es disimule ahora.)

Rubén	¡Qué severidad!
Simeón	¡Qué gesto! Dígame, ¿es éste el rey?
Clefo	No es Faraón; mas lo mesmo.
José (Aparte.)	(Mucho hará el cariño, si no me arrastra a algún extremo.) El idioma y traje dicen que vosotros sois hebreos.
Rubén	Sí, señor.
José	¿De qué provincia?
Rubén	En el palestino suelo a Canaán el ser debimos.
José	Alzad. ¿Pues cómo a este imperio remoto venís por trigo?
Rubén	Porque todos nuestros reinos sin él se hallan; que sin duda éstos son pecados nuestros. Estériles ya los campos, por negar el agua el cielo, los ganados fenecidos, consumidos los graneros, son los valles de Canaán un continuado lamento de los míseros vivientes, que, pan faltando, los vemos salir a morirse de hambre a los páramos desiertos.
José	¡Ay, infeliz! ¡Qué esto escucho!
Judá	Con que, noticias teniendo de que Egipto está abundante de trigo, y tu ínclito pecho así como a naturales

provee a los extranjeros climas, con él a tu asilo piadoso nos acogemos.

Leví

Ampara nuestra miseria siquiera porque sustento llevemos a nuestro padre, que en los postreros alientos de su edad anciana ya parece vive muriendo.

José (Aparte.)

(¡Ay, padre del alma mía! Al dolor ya no hallo esfuerzo. Pero ¿qué advierto, pesares? Benjamín no viene entre ellos. ¿Si a su envidia habrá acabado su niñez? Pero ya un medio me ocurre de averiguarlo.)

Simeón (Aparte.)

(¿Si nos despachará presto?)

José

Con que, ¿tenéis padre?

Rubén

Sí, y los que antes vos nos vemos somos hermanos.

José

¿Y cuántos?

Judá

Doce.

José

Pues, ¿cómo no veo más de diez?

Rubén

Falleció el uno a manos de un monstruo horrendo.

José (Aparte.)

(Y bien monstruo, que es la envidia.) ¿Y el otro?

Simeón

No le traemos porque aún sonarse no sabe.

José (Aparte.)

(Más se aumenta mi recelo.)

Judá

Es muy niño y no quisimos, su delicadez sabiendo, exponerle a algún malogro.

Rubén	No tanto fue por aqueso, cuanto porque es de mi padre el más amoroso espejo en que se mira, y su vista le duplica los consuelos.
José (Aparte.)	(Fingimiento esto ha de ser.) ¿Pensaréis me he satisfecho de vuestra verdad? Pues, no. Venir por trigo es pretexto, traidores, para inquirir la flaqueza de este reino; y, espías dobles, aviso dar a los reyes opuestos. ¿Queréis engañarme, falsos, cuando interiores penetro?
Rubén	Señor, ¿qué decís? ¿Qué escucho?
Simeón (Aparte.)	(¡Si no despachará presto!)
José	¡La verdad! Bien os conozco.
Simeón	No somos, señor, de aquellos que llaman «correveidiles».
Judá	Que es lo que decimos cierto asegura mi lealtad.
José	¿Qué lealtad?
Judá	¿Dudas la tengo?
José	Sí, que tenéis traza de vender a un hermano vuestro.
Simeón	Ya sé que, aunque a él no creáis, me habéis de creer a mí.
José	Menos.

Simeón	¿Por qué?
José	Porque la tenéis peor, que es de haberle muerto.
Simeón (Aparte.)	(¡Zape! Que nos conoció y nos dio de medio a medio.)
Rubén (Aparte.)	(¿Qué hombre es éste, cielos santos?)
Judá (Aparte.)	(Temor me causa su aspecto.)
Leví (Aparte.)	(¡Qué indignado nos mira!)
Simeón (Aparte.)	(Si nos despachará presto?)
José	Esto ha de ser así. ¡Hola! A todos llevadlos presos.
Rubén	Príncipe, a tus pies rendidos...
Todos	En nuestro llanto deshechos, misericordia pedimos.
José (Aparte.)	(No sé cómo me contengo.)
Rubén	¡Infelices de nosotros!
Simeón (Aparte.)	(¡Si nos despachará presto!)
José (Aparte.)	(A lástima me conmueven.) Oyeme a mí aparte, Clefo.
Judá	Éste es del cielo castigo por las crueldades que habemos cometido con José.

Rubén	En él la mano, primero, Simeón puso.
Simeón	Por lo propio veréis que hablando lo fiero, y el primero soy de todos a quien se inclina contento; y aunque prenda, ¿va que a mí manda que me dejen suelto?

(A Clefo aparte.)

José	Como digo, luego que de trigos sus sacos llenos queden, sin que ellos lo vean, meteréis el caudal mesmo en ellos que te entregaren.
Clefo	Así lo haré.
José	Pues, secreto.
Rubén	¡Ea, señor! ¿Qué dispones de nuestra desdicha?
José	Esto: hasta que ese hermano niño me traigáis, que quedéis presos en Egipto.
Rubén	¡Ansias! ¿Qué escucho?
Judá	¿Pues quién así ha de traerlo?
José	Uno de vosotros solo.
Simeón	Yo ése seré. Me convengo. Por él voy volando.
José	Aguarda.
Simeón	No hay que aguardar.
José	Deteneos.

Simeón (Aparte.)	(¿Mas que me quiere premiar porque iba por él ligero? Yo soy dichoso.)
José	Porque no me culpéis que soberbio, cruel, impío y airado, ya de mis rigores cedo.
Simeón	¿No os lo dije hermanos, yo?
Rubén	Dios dé a tu piedad el premio.
José	Ya condolido revoco de mi sentencia el decreto. Y para que lo veáis: ¿no había uno de traerlo, y quedarse los demás?
Rubén	Sí, señor.
José	Pues ahora quiero los demás vayan por él, y uno solo quede preso, pues para prenda me basta.
Simeón	Ha sido sutil acuerdo. Voy por él, que para prenda ahí basta cualquiera de ésos.
José	Espera, y tú, ¿por qué no?
Simeón	Porque yo jamás me precio de ser sujeto de prendas.
Rubén	Pues es fuerza obedeceros, nuestra desdicha, nombradle.
José	A todos voy recorriendo, y no sé cuál sea.

Simeón	Vaya, que él es un gran caballero. ¡Qué discreto! ¡Qué virtuoso! ¡Qué piadoso! En estos tiempos no habrá hombres de mejores inclinaciones!
Putifar	Es cierto.
Rubén	¿Soy yo?
José	No.
Judá	¿Y yo?
José	Tampoco.
Todos	¿Pues cuál quieres?
José	A éste quiero.
Simeón	¡Ay, triste de mí! ¿Qué escucho? ¿Ahora salimos con eso? No puede ser, que es preciso vuelva yo.
José	Pues, ¿a qué efecto?
Simeón	Porque para casa...
José	Hablad.
Simeón	En obligación me veo de un gran empeño.
José	¿Cuál es?
Simeón	¿Lo callaréis?
José	Lo prometo.

Simeón	Importa.
José	¿Él qué ha de importar? Decid.
Simeón	El que sin remedio...
José	Proseguid.
Simeón	...he de llevar...
José	¿Qué habéis de llevar, molesto?
Simeón	Los pirámides de Egipto a mi mujer cuando menos.
José	¿Fingís delirios? Llevadle.
Simeón	Ved que mi mujer...
José	Sois necio.
Putifar	Se quiso inclinar a vos.
Simeón	Que se incline a otro de ésos.
José	Llevadle aprisa, y haced que le den buen tratamiento.
Rubén	¡Qué desdicha! Pero al fin, Fortuna, del mal el menos.
Simeón	¿Yo preso, y entre gitanos? Buena ventura no espero.

José	¡Ea, llevadle!
Putifar	Venid.
José	Id a que os despachen luego, y si Benjamín no viene, jamás volveréis a verlo a este hermano.
Simeón	¡Ay, infelice! Hermanos, traedle corriendo.
Rubén	Volando te aseguramos, de que vamos y volvemos.
Clefo	Vamos por el trigo.
Todos	¡Vamos!
Putifar	¿Qué os detenéis? Venid.

(Tirando a Simeón.)

Simeón	Quedo. Hermanos, hasta la vuelta.

(Vase con Putifar.)

Todos	Hermano, adiós, hasta vernos.
José	No olvidéis vuestra palabra.
Todos	Vos veréis la cumpliremos.
José	[Ya], Cananeos, adiós.
Todos	Guárdeos, gran señor, el cielo.

(Vanse todos. Sale Simeón solo.)

Simeón	El hombre más infeliz soy, que el mundo ha descubierto, que de todos mis hermanos a mí solo me escogieron para prenda; mas agora lo que yo me estoy temiendo es que ellos no han de volver, y yo por acá me quedo. Pero son hombres honrados, y ya parece que veo que van camino de casa, ya llegan, ya sale el viejo de mi padre a recibirlos, los abraza placentero, ya los pregunta por mí, ellos cuentan el suceso, y dicen que preso estoy, y ya mi mujer con esto se alegra, pues que se libra de las riñas que solemos tener, ya está convencido mi padre, ya se ha resuelto a que traigan el muchacho, ya salen con él contentos, ya están hacia acá de vuelta, y ya en palacio los veo. Hermanos, ¿ya habéis venido? Si yo no estoy loco, duermo.

(Sale José.)

José	¿Qué es esto? ¿Con quién habláis?
Simeón (Aparte.)	Señor, con nadie. (¡Qué gesto tiene de pocos amigos!) Señor, oídme un lindo cuento que pasó allá en mi lugar, que aunque no es ello por ello, se parece alguna cosa.
José	Decid, que algo me divierto con vos.
Simeón	Pues digo que había un señor, y a un pastorzuelo que tenía le envió por un mandado a otro pueblo de allí una legua distante. Díjole: «Has de venir presto» —porque mucho le importaba al señor—. Dijo el mancebo: «Señor, tomaré la burra, y veréis que en un momento voy y vengo despachado». Dijo el señor: «Soy contento». Fuése el mozo y el señor se quedó consigo

mesmo haciendo cuentas. Decía: «Ya va camino el mozuelo, ya habrá llegado, ya vuelve, ya entra en casa, ya le veo». Y al decir «fulano», entró por la puerta el pastorzuelo diciendo: «Señor, ¿dó está la albarda, que no la encuentro, de la burra?». Con que a mí, sobre poco más o menos, me viene a pasar lo mismo; pues deseo por momentos ver venir a mis hermanos; y ahora fuera lindo cuento que no volvieran acá.

José   Andad, no temáis, que creo que han de cumplir su palabra.

Simeón   Guárdeos, gran señor, el cielo. Ahora puedo bien decir ¡Sí, nos despachará presto!

(Vase Simeón.)

José   ¿Quién creyera que constancia tanta cupiera en mi pecho, como que al ver mis hermanos adoración darme ciegos, Sacra Deidad, respetarme de rodilla por el suelo, llorar su infeliz desdicha, temer mi arrojo severo, comunicarme su angustia, a uno darle cautiverio, y a los demás sobresaltos, desbocados mis afectos no me arrojara a abrazarlos, dándome a conocer? ¡Cielos, solos vosotros, que auxilios de vuestro alto poder fueron, y pues que los dispusisteis, cúmplanse vuestros deseos!

(Vase José. Salen Asenet, la Reina, Titana y acompañamiento.)

Asenet   Eso habéis de hacer, que os pido. Y aunque de ello al rey he hablado, de mi ruego se ha olvidado.

Reina   Pues debe ser atendido.

Asenet	Y habiendo la edad cumplido, en que a la sacerdotisa dejar el templo precisa, a mi decoro es bien cuadre que en querer venga mi padre a Menfis. No esté remisa.

(Dentro.)

Voces	¡Plaza, plaza!
Reina	Pues, ahora pasar por aquí se ve al templo el rey. Le hablaré en eso.

(Sale Faraón y acompañamiento.)

Reina	¡Señor!
Faraón	¿Señora?
Reina	Vuestro favor por mí implora de Asenet la pretensión. Que venga ya es ocasión su padre.
Faraón	No haber alguno de él sustituto oportuno causó aquesta dilación. Mas, pues vos mediáis por mí, el estorbo venceré, y que a que venga orden dé José... mas él viene aquí.

(Sale José.)

José	Tus invictos pies así mis labios deben sellar.
Faraón	Alza. Al punto haz despachar orden de que el padre venga de Asenet. No se detenga a Menfis luego en llegar.

José	Mi prontitud veréis vos.
Faraón	¿Otra cosa me mandáis?
Reina	Mil siglos señor viváis.
Voces	¡Plaza, plaza!
Faraón	Adiós.

(Vase Faraón.)

Reina	Adiós. Ven, nos daremos las dos parabién de igual trofeo.
Asenet	Cumplió mi gusto el deseo.

(Vanse la Reina y Asenet.)

José	¡Fortuna, de mis desdichas elevarme a tantas dichas! Apenas, cielos, lo creo. ¡Yo en un trono sublimado! ¡Igual a un emperador! ¡Será mi poder el mayor! ¡Y como rey adorado! Cuando tal juzgo mi estado, la imaginación se admira confusa con lo que mira, no alcanzando en tanto empeño si estoy despierto, o si sueño si esto es verdad, o mentira.

(Sale Putifar.)

Putifar	¡Gran señor!
José	¿Qué hay, Putifar?

Putifar	Volver presto a tus deseos los hermanos cananeos con el otro, y de llegar acaban. Quiérente hablar.
José	¿Qué dices? ¡Ay, qué placer! El preso aquí harás traer al punto. Y a Clefo avisa le estoy aguardando. ¡Aprisa!
Putifar	Mi ley es obedecer.

(Vase Putifar.)

José	¡Qué alborozado que andas, corazón! Pues aun es poco, según de gusto estás loco.

(Sale Clefo.)

Clefo	¿Qué es, señor, lo que me mandas?
José	Que prevenga con viandas en mi camarín dorado una mesa tu cuidado con doce cubiertos. Y, ahora los hebreos aquí traigas, que afuera han quedado.
Clefo	Voy, señor.

(Vase Clefo.)

José	Ojos, no deis al través con la cordura.

(Salen Putifar, Clefo, y todos los hermanos menos Simeón.)

Benjamín	¡Qué salones! ¡Qué hermosura!
Clefo	Llegad. ¿En qué os detenéis?
Rubén	Lo que yo, todos haréis.

(De rodillas.)	¡Salve grande emperador!
[Judá]	[¡Salve, nuestro salvador!]
Leví	¡Salve, señor sin segundo!
Isacar	¡Salve, remedio del mundo!
Benjamín	¡Salve, señor, mi señor!
José (Aparte.)	(¡Ay, que aquéste es Benjamín! Su inocencia a mi placer ya se ha dado a conocer.)
Rubén	Hemos vuelto a este confín...
José	Del suelo alzad. ¿Y a qué fin?
Judá	A cumplir lo que ofrecimos, pues a Benjamín trajimos.
José (Aparte.)	(¿Quién se vio en contento igual?)
Rubén	Aquí viene. Con lo cual nuestra palabra cumplimos.

(Salen Putifar, Simeón y guardias.)

Putifar	Señor, aquí el preso está.
Simeón	¿Hermanos? ¡Qué gusto!
Todos	¿Hermano?
Putifar	Abrazaros aquí, es vano.

Simeón	¡Con que habéis venido ya!
Todos	Todos estamos acá.
Simeón	¿Tú también, Benjaminillo? Poco has crecido chiquillo.
Benjamín	¿Qué en mi cuerpo hay que te asombre?
Simeón	El que por más que te escombre con la vista...
Benjamín	¿Qué previenes?
Simeón	El que tú, Benjamín, tienes poca figura de hombre.
Rubén	Señor, habiendo llegado a casa —el cielo es testigo— en los costales de trigo el dinero que ha costado hallamos, y duplicado —sería yerro— le traemos para que el uno dejemos, y con el otro nos den más trigo, porque también con él a Canaán tornemos.
José	El dinero que dijisteis, aquí menos no se ha echado. sin duda el cielo os lo ha dado. ¿Y cuándo a Canaán volvisteis vivo a vuestro padre visteis?
Rubén	Sí, señor.
José (Aparte.)	(Amor, ¿que oís?) Con que ¡aún vive? ¿Qué decís?
Rubén	Señor, la verdad os digo.
José (Aparte.)	(Ya no puedo más conmigo. ¡Lágrimas, que os descubrís!)

Judá	Y agradeciendo se aplaque tu rigor, de Palestina manda que miel y resina, almendra, mirra, estoraque os traigamos, y un tabaque de grana de terebinto. Corto don, voto sucinto que ofrecemos a esos pies.
José	Admito el afecto, pues le mostréis claro y distinto.
Rubén	Según su semblante aclara, ya benigna se consiente.
Simeón	Hermano mío, a un presente no hay quien ponga mala cara.
Benjamín (Aparte.)	(¡Lo que en mí el señor repara! ¿Si me querrá retratar?)
José	Éste que llego a mirar, ¿no es el niño que dijisteis?
Rubén	Sí, señor, el que pedisteis.
José (Aparte.)	Su hermosura es singular. Estos brazos... (¿Qué hago yo Pero me reprimo en vano. ¿Iré? No. Mas si es mi hermano. Yo me declaro. Mas no. ¿Quién en tal guerra se vio? En publicar me convengo. Mas, cielos, favor prevengo pues estoy de tal manera que por declarar me diera todo el tesoro que tengo.) Dios te bendiga, hijo mío, y de beneficios llene.
(Aparte.)	(Ya vertí el llanto; y no tiene a disimular más brío. A limpiarme me desvío, no lo noten.)
Putifar (Aparte.)	(¿Qué he notado? ¿José llora... y recatado?)
Clefo (Aparte los dos.)	(¿Qué miro? ¿Llanto José?) (Causa oculta aquí se ve.)

José (Aparte.)	(Vuelvo, pues ya me he enjugado.) .... Cuando dispongáis, volver podéis con el trigo, al ver que al presente vuestro atento, sabe mi agradecimiento galante corresponder. Escúchame Clefo.
Clefo	Di.
José	¿Está a punto prevenida la mesa con la comida que dije?
Clefo	¿La queréis?
José (Vase Clefo.)	Sí. Pues, todos estáis aquí, hoy mi afecto habéis de ver. Conmigo habéis de comer.
Rubén	Señor, ¿cómo....?
José	Éste es mi gusto.
Judá	No tal nos mandes.
José	Es justo.
Benjamín	Advertid...
José	Esto ha de ser.
Rubén	¿Qué tanta dicha conciertas a nuestra humildad?
José	Venid. Aquesas puertas abrid.

(Gabinete dorado con mesa magnífica.)

Clefo	Ya están, gran señor, abiertas. ....
Rubén	¡Qué grandeza!
Judá	¡Qué aparato!
Benjamín	¡Qué hermosos aparedores!
Simeón	Pues dan de comer, señores, denme a mí el más hondo plato.
José	Sentarme a la mesa trato. Tomad vosotros asientos según de los nacimientos vuestros es fuerza.
Rubén	Obedientes tus preceptos reverentes ejecutamos contentos.

([Canten los músicos mientras siguen sirviendo].)

Música	«Aplauda la Fama con métricos himnos al príncipe sabio consuelo de Egipto.»
José (Aparte.)	Yo el plato he de hacer a todos. (¡Cielos, si supieran que comiendo están con José!) ¡Ah, Benjamín!
Simeón	¡Bellos modos! De hambre me como los codos, y a Benjamín la porción le aumentáis de la ración cinco veces más que a mí. ¿Y esotros...?
José	Hacerlo así es mi razón y afición, porque veáis cual se trata la grandeza que hay en mí. ¿De beber?

Clefo	Ya viene aquí.
Benjamín	¡Qué hermosa copa de plata!
Simeón	¡Qué dura que está esta pata de cigüeña!

(Habla aparte José a Clefo.)

José	El trigo dales; y el dinero en los costales, sin que lo vean pondrás. Y la copa esconderás también con modos iguales en el saco más pequeño que es el que toca al menor.
Clefo	Comprendo. Basta señor.

(Vase Clefo.)

José (Aparte.)	(Así ha de inquirir mi empeño. .... Si Benjamín tiene impía fortuna, como tenía yo con mis hermanos, pues de ellos recelar, bien es.) ¡Hola! Siga la armonía.

(Canten.)

Música	«Aplauda la Fama con métricos himnos al príncipe sabio consuelo de Egipto.»

(Sale Clefo.)

Clefo	Ya queda dispuesto todo.
José	Alzad la mesa. Ya iros podéis, pues ya os despacharon.

Rubén	Primero, señor, rendidos a tus pies daremos gracias.
José	En vano es. No las admito. Idos pues.
Judá	Adiós, señor.
José (Aparte.)	(No sé cómo los despido; mas es fuerza.)
Todos	El cielo os guarde...
José	Él os comunique auxilios...
Todos	...para amparo de los reinos,
José	...para que seáis buenos hijos,
Todos	...para que el mundo te aclame...
José	...porque os libréis de conflictos.
Todos	...y porque en esta grandeza contra el tiempo y el olvido...

(Canten todos y la Música.)

Música	«Aplauda la Fama con métricos himnos al príncipe sabio consuelo de Egipto.»
	Fin de la segunda jornada

Jornada tercera

(Salón. Salen por distintos lados Asenet, Titana, José, y Putifar.)

Música	«Dediquen aplausos, consagren afectos, al héroe José, blasón del imperio.»
Putifar	Ya como mandasteis, ahora el padre de Asenet vino.
Titana	¿Por qué tan pronto el camino tomas de casa, señora?
Asenet	Porque gracias di, y no ignora el rey que a mi padre vi.
José	Retirado espera allí.
Asenet	Y así, sus pies soberanos...
José	Y así, aguardar mis hermanos...
Los dos	Bien es... Mas ¿quién está aquí?
José	Ambos preguntando, duda igual a un tiempo tenemos; pues al vernos, que quedemos es bien: yo ciego y vos muda. Mas a decidirla acuda el tacto en mis labios, pues solo este sentido no es como los demás perdido

| | en mí, si es que ha merecido |
| | que le halle a vuestros pies. |

Asenet
    Si esa voz, que ya otra vez
en vuestro labio advertí,
violencia no hallara en mí
no se airara mi esquivez;
mas motiva mi altivez
de tal modo, que si osara
decírmela alguien, vengara
la injuria mía de suerte,
que en solo mi voz su muerte
con trágico fin hallara.
    Y así, ha de hacer mi desdén,

(Aparte.)
sepan todos... (No haré tal,
pues no me parece mal,
que yo le parezca bien.)
... que escarmiento en mí halle quien
sin respetar mi decoro
estrenase mi desdoro.

José
No seré yo ése.

Asenet
        ¿Por qué?

José
Porque yo nunca diré
que os quiero, os amo y adoro.

Asenet
    ¿Y eso no es decirlo?

José
             No.

Asenet
¿Cómo no, si alcanzo a verlo?

José	Si vos queréis entenderlo, no tengo la culpa yo.
Asenet	Si mi oído lo escuchó...
José	Si mi voz hizo este arresto...

(Sale Faraón.)

Faraón	¡Asenet! ¡José! ¿Qué es esto? ¿Qué hablabais cuando iba entrando?
Los dos	Despedirnos, encontrando...
Asenet	...a José.
José	...Asenet en este puesto.
Faraón (Aparte.)	(A ver la reina pasaba; y hallarlos aquí, ocasión da a mostrarlos mi afición.)
Titana	Vámonos, señora, acaba.
José (Aparte.)	(¿Con qué rigor se indignaba?)
Faraón (Aparte.)	(Yo en mi reino he de tener a José. ¿Cómo he de hacer que jamás de Egipto salga? ¡Pero la industria me valga! ¡De casarle! Esto ha de ser.) Pues ya a los dos aquí he hallado cumplir con entrambos quiero. Pues a un tiempo considero

estoy de ambos obligado.
Primero de tu cuidado;
de vuestro padre después.
Con que así, mi intento es
José, que en Egipto vivas,
y por esposa recibas
a Asenet.

José   Beso tus pies.

Faraón   Tú aquí, aprobando mi intento,
espero que haréis lo justo.

Asenet   Ley es en mí vuestro gusto.

Faraón   José, salvador y aumento
se interpreta. Éste os presento
en él; con que haced alarde,
sin que adversidad aguarde,
de vuestra unión, que ha trazado
mi justa razón de estado.
Guárdeos el cielo.

Los dos   Él os guarde.

(Vase Faraón.)

José   ¿Podré yo saber de ti
si esto también no te agrada,
lo que el rey te dijo?

Asenet   Nada
me dijo a mí.

José	Siendo así, todo me lo dijo a mí.
Asenet	Tú en ti mismo podrás verlo.
José	¿Cómo dudando el creerlo?
Asenet	Como yo, llegando a oírlo, ni me está bien el decirlo, ni me está mal el saberlo.

(Vase Asenet.)

José	¿Cuándo, gran Dios de Abrahán, tales dichas presumí vuestro poder cause en mí? Por ellas gracias os dan mis afectos. Si vendrán mis hermanos, a quien hice traiga Clefo, y fiscalice robar la copa?

(Dentro.)

Rubén	¡Señores, advertid...!
Clefo	Entrad, traidores.

(Salen Clefo y todos los hermanos.)

José	¿Qué ha sido esto?
Benjamín	¡Ay, infelice!

Clefo	Señor, ¡tu preciosa copa!
	Habiéndola echado menos
	a estos cananeos seguí
	y en el saco más pequeño,
	que es el del menor, la hallé.
Putifar	¡Haya tal atrevimiento!
Clefo	Y aunque el robador es uno,
	sin duda los demás fueron
	cómplices. Aquí, señor,
	se los traigo. Mira de ellos.
	¿Qué dispones?
Simeón (Aparte.)	(De esta vez
	nos ahorcan sin remedio.)
José	¡Infame intento! ¡Acción vil!
	¿Así pagáis mi cortejo?
	¿Así agradecéis el trigo?
	¿Es corresponderme esto
	a mi gratitud?
Benjamín	Señor...
José	¡Callad!
Benjamín	Que me oigas te ruego.
Rubén	El sobresalto me ahoga.
Judá	De temor me cubre un hielo.

Simeón	¡Yo a la cárcel otra vez! Por ti, trasto, es todo esto.
Benjamín	Señor, ¿cuándo mis hermanos con trigo la otra vez fueron, y en los sacos se encontró el dinero, sin que dentro quien lo puso hayan sabido, ¿duplicado no lo han vuelto a tu vista fieles?
José	Sí.
Benjamín	Pues nuestra inocencia pruebo. ¿Quién quita, que como entonces escondieron el dinero en los sacos; que en el mío usando ahora el ardid mesmo, la copa oculten? Con que no solo es este argumento de que el robo falso ha sido sino de que nuestros pechos lo ignoraban; porque hubieran vuelto la copa, a saberlo.
Rubén (Aparte.)	(Bien dijo; mas está airado.)
Simeón (Aparte.)	(¿Si nos despachará presto?)
José (Aparte.)	(¡Corazón, valor!) Pues, ¡cómo me persuadís cuando veo comprobado el latrocinio? Mas, aunque en él todos reos sois, por piedad solamente

a éste castigarle quiero.
Ley de Egipto es que el que roba
alguna prenda, del mesmo
a quien la robó sea esclavo.
Y así, bien podéis volveros
sin Benjamín, porque ya
es mi esclavo, y yo su dueño.

Rubén   ¿Qué es lo que escucho? ¡Pesares!

Judá   ¡Desdichas! ¿Qué es lo que advierto!

Benjamín   No siento quedar tu esclavo;
                 que ese no es castigo, es premio.
                 La nota de infame en mí,
                 y el no ver a un padre viejo,
                 es lo que siento; y que muera,
                 si no vuelve a verme, temo;
                 porque en mí el consuelo halló
                 que perdió en un hijo muerto.
                 De su anciana edad te duele,
                 no de mí que...

José (Aparte.)   (¡Mal me esfuerzo!)

Benjamín   ... mi vida no importa.

José   ¡Basta!
                 Dejadle. Idos presto.

Todos   Primero que sin él vamos,
                 todos, señor, moriremos.

José   No hay remedio. Esto ha de ser.

100

Rubén	Después que tal sentimiento a nuestro padre causamos, por traerlo, ¿mandáis eso?
Judá	Yo le ofrecí morir antes que a su vista no volverlo.
Rubén	Y si no volvemos todos, e infalible es tu decreto sobre que uno quede esclavo por Benjamín yo me quedo. Él vuelva. Tu esclavo soy.
Judá	Yo también por él me ofrezco.
Leví	Pon en mi rostro la mano.
Isacar	Estampa en mi frente el hierro.
Simeón	Yo me volveré a la cárcel.
Rubén	Y postrados por el suelo...
Judá	Y a tus plantas suspirando...
Leví	Y en nuestro llanto desechos...
Todos	Creemos que esta pena es por un gran pecado nuestro.
José (Aparte.)	(¿Qué aguardas, corazón? ¿Qué? No basto ya a tanto extremo.) ¡Benjamín de mi alma! ¡Hermano

de mi vida! Hablar no puedo,
que las lágrimas me ahogan.
Dame los brazos.

Putifar

                              ¿Qué veo?
Su hermanos es. Al rey aviso.

(Vase Putifar.)

Benjamín   ¿Qué hacéis, que yo me enternezco?

Clefo (Aparte.)   (Los dos lloran abrazados.)

José   Salte afuera.

Clefo   Obedezco.
(Aparte.)   (Confuso de verlo voy.)

(Vase Clefo.)

José   Vuélveme a abrazar de nuevo,
vida mía, Benjamín,
tus brazos echa a mi cuello.
Yo soy tu hermano José.

Benjamín   ¿Mi hermano José, el muerto?

José   No soy muerto. No extrañéis,
hermanos, ver que prefiero
a Benjamín; que aunque todos
el ser a un padre debemos,
ambos somos de una madre,
y más le quiero por eso.
Abrazadme, hermanos, todos.

¿De qué hay que sorprenderos?
Yo soy José, vuestro hermano.
No os turbe verme en tal puesto.
No os admire. No os espante;
que son milagros del cielo
para que sus altos juicios
dejen cumplidos mis sueños.

Rubén   De admirados...

Judá   De confusos...

Leví   De turbados...

Isacar   De suspensos...

Todos   Apenas para la voz
hallamos algún aliento.

José   Yo soy; que ya de mi gozo
en ansia cumplida veo.
Y pues para vuestro bien
Dios me dio poder tan regio,
no haya dilación, volved
a Canaán. Traed mi viejo,
amado padre, las familias
y todo cuanto incluyeron
vuestras haciendas, que aquí
abundancias os prometo;
que en volviendo, de mi historia
todos sabréis mis sucesos.

Rubén   Nuestro anhelo, hermano, irá
y vendrá en alas del viento.

José	Y mi amor hará, aguardando, víctima de mi deseo.
Judá	¡Qué placer!
José	¡Qué regocijo!
Benjamín	¡Qué alegría!
Simeón	¡Qué contento!
Rubén	Felices todos nosotros...
José	Dichoso mi cautiverio...
Rubén	...pues nos da el cielo tal bien...
José	...pues Dios por él me da el premio...
Todos	Hermano, adiós.
José	Oíd, hermanos. A mi padre lo primero...
Rubén	En vano ha sido ese aviso.
José	Pues, adiós.
Rubén	Guárdete el cielo.
José	¿Quién con tal gozo se vio?
Todos	¿Quién vio tan raros sucesos?

Simeón	¿Y quién que yo no llevara,
	para salir de mi empeño.
	los pirámides de Egipto?
	¡Si nos despachará presto!

(Vanse todos. Selva. Salen Jacob, Dina y Celfora.)

Jacob	No es vivir esto.
Dina	Mira...
Celfora	Considera...
Jacob	Dejad que de una vez un triste muera
	y no de tantas, en años tan prolijos,
	muertes me dé la ausencia de mis hijos.
	¡Ay de mí, que ya en vano hallo consuelo!
Dina	Si así lo quiere el cielo,
	padre y señor, a sus divinos juicios
	de las penas hagamos sacrificios;
	que pues esto permite, es conveniente.
Jacob	¡Después de un hijo muerto, el otro ausente!
	¡Ay, infelice!
Celfora	¿Hay tales desvaríos?
Jacob	¡Ay, pedazos del alma! ¡Ay, hijos míos!
Celfora	Señor, no llores, que vendrán ya prontos;
	no haya miedo se pierdan; que son tontos.
	Mire qué niños, hombres ya barbados.

Jacob	No han sido más cuidados,
	iay, Celfora!, por ellos cuanto ansiosos
	porque a mis amorosos
	brazos mi Benjamín, mi luz, mi cielo,
	llegue a darme placer, vida y consuelo.
	Pues temo a sus hermanos,
	que en él, como en José, los inhumanos
	extremos de la envidia —ioh, infeliz padre!—
	ejecuten; que como de una madre
	aquestos dos nacieron,
	y de otras los demás, no me debieron
	tanto amor, está el pecho receloso
	de que su trato odioso
	Benjamín pruebe. Cuando juzgo cierto
	que si murió José, ellos lo han muerto.
Dina	¡Sospecha vana! ¿Quién tal imagina?
Jacob	¡Ay! Que es la envidia el monstruo mayor, Dina.
	¿Qué extrañas la sospecha, en que me fundo,
	si el primero homicidio que vio el mundo
	fue por ella de hermano a hermano? Diga
	esta verdad Abel. Mas mi fatiga
	suspenda el pensamiento,
	y el dolor no renueva mi tormento.
	Y puesto que a la selva
	habemos ya llegado, vuelva, vuelva,
	mi débil vista a ver, aunque cansada,
	si a mis hijos descubre.
Celfora	No veo nada.
(Dentro.)	

Simeón	¡Cho, cho!
Judá	Aparte la bestia del camino .... que estorba. Pues se para.
Jacob	¿No son mis hijos?
Dina	Sí.
Jacob	¡Ventura rara!
Judá	¡Arre!
Simeón	¡Cho!
Celfora	Ya se acercan los cencerros.
Simeón	¡Cho! La burra ha de echar por esos cerros.
Jacob	Pues ya vienen, el gozo no resisto. ¿Ya Benjamín entre ellos habéis visto?
Dina	Sí, señor. Ya llegan.
Jacob	¡Feliz suerte! Mas, que venga la muerte; que al verlos, la tendré con regocijos.

(Salen todos los hermanos menos Simeón.)

Todos	¿Padre? ¿Hermanas?

Las dos   ¿Hermanos?

Jacob   ¡Hijos, hijos!
                 ¡Que ya conseguí veros! ¡Qué alegría!
                 ¿Y Benjamín?

Benjamín   Yo soy.

Jacob   ¡Ay, prenda mía!

Benjamín   ¡Feliz abrazo, padre!

(Sale Simeón.)

Simeón   Por vida de la burra [de mi madre],
                 que si te asiento el palo...

Celfora   ¡Ay, mi marido!

Jacob   ¡Simeón!

Celfora   ¿Ese enfado por qué ha sido?

Simeón   Porque cayó la burra. Y bien pudiera
                 no caer con cuatro pies. ¿Qué más hiciera
                 si dos solos tuviera?

Celfora   ¿Qué? No andara.

Simeón   Mentira es ésa clara;
                 que de tamaño tal, grandes y chicos
                 veo andar en dos pies muchos borricos.

Jacob   ¿Que ya vinisteis?

Rubén	Y con tanto gozo,
	como nuestro alborozo
	muestra en la comitiva que traemos.

Jacob   Gracias a Dios que trigo ya tenemos.

Rubén   No solo en eso este placer señalo,
         sino que para todos un regalo
         de vestido traemos.

Jacob   Necios modos.
         Ven acá. ¿Y tú, qué traes?

Benjamín   ¿Yo? Más que todos.

Jacob   ¿Mi cariño burláis? ¡Locas quimeras!
         Mirad que hablo de veras.

Rubén   Pues con las mismas digo;
         que Faraón se precia de tu amigo
         y quiere que allá vayas.

Jacob   ¡Haya necios!
         ¿De mis canas hacéis así desprecios?

Judá   No lo permita Dios. Y si no, diga
         Benjamín si es verdad.

Benjamín   Así es; y obliga
         a asegurarlo, ver que así te apuras.
         A mí me han dado cinco vestiduras,
         con trescientas monedas. Y otro tanto
         traemos para ti.

Jacob	¿Es esto encanto?
Leví	Señor, creerlo trata.
Simeón	Y lo que es la moneda toda en plata.
Dina	Lo que escucho me admira.
Simeón	A fe que no es mentira.

Dos galas solamente a cada uno
de nosotros nos dieron; e importuno
con diez jumentos para ti cargados,
de lo que halló mejor en sus estados.
Y también para el viejo, si a irte aplicas,
en víveres cargadas seis borricas,
enfurruñado vengo en mis molestias;
que es trabajo fatal tratar con bestias.

Dina	Yo os atiendo pasmada.
Celfora	Algo de más bebiste en la posada,

marido, pues también dices desvaríos.

Simeón	Tú serás la borracha.
Rubén	Creed, los carros

que ya veis van a casa, si no obligo
vuestro crédito.

Jacob   El cielo sea conmigo.

(Van pasando carros y acémilas cargadas.)

110

Uno	Toma mula el carril.
Otro	Que el carro ceja.
Otro	Toma la vuelta. ¡Cho!
Otro	Aquí, coneja.
Todos	Al camino derecho.
Rubén	¿Ya quedaréis con esto satisfecho?
Unos	Arre aquí pollina.
Otros	Toma, gitana.

....

Simeón	¿Ha visto usted esa burra, la primera?
Jacob	Sí.
Simeón	Pues, borrica no habrá más paridera aunque no tiene dientes.
Jacob	¿Que ha cerrado?
Simeón	¿Qué llama usted cerrar? Ni aun entornado. ¿Ve usted esotras dos?
Jacob	Son nuevecillas.
Simeón	Manteniéndolas vienen con natillas. ¿Ves aquesta mujer? Pues no la trueco por ti, porque es mejor.

Celfora	¡Buen embeleco! ¿Por qué es mejor?
Simeón	Porque en enojos malos, más respeto que tú tiene a los palos. Anda si sola dicen; y se para al arre. Es como tú.
Celfora	¿Por qué compara a mí esta bestia? Diga, y haré paces.
Simeón	Porque todo al revés lo entiendes y haces.
Jacob	¿Qué es lo que veo? ....
Rubén	Pues, porque tu deseo al ir se arrime ¿Sabe...?
Jacob	¿Qué hay más que sepa?
Rubén	Más.
Jacob	Pues dime: ¿Falta más que saber, cuando contento sé que volvéis con tanto valimento?
Rubén	Sí, señor.
Jacob	¿Qué será?
Rubén	Nuevas felices de tu hijo José.

Jacob	Hombre, ¿qué dices?
Rubén	Lo que es fijo.
Jacob	Yo estoy insensitivo.
	Pues, ¿No es muerto José?
Rubén	No, que está vivo.
Celfora	¿Habrá quién al oír esto
	no se salga de juicio?
Jacob	¿Cómo? Di presto.
Dina	Di cómo, hermano, a nuestra duda absorta.
Rubén	Oíd en breves razones cuanto importa.
	De Faraón José, mi hermano, alcanza
	poder, dominio, honor, mando y privanza,
	tanto que en su distrito
	segundo Rey le adora todo Egipto;
	a éste le hablamos siempre, sin que diera
	menor señal o indicio de quién era;
	pero después de acasos, pesados
	para nosotros, y para él gozados,
	después que alarde haciendo en sus agrados
	a su mesa nos tuvo convidados;
	y después que con llanto y regocijo
	declarársenos quiso, así nos dijo:
	«La miseria en Canaán no halla mudanza,
	la abundancia en Egipto, y mi privanza,
	es vuestra. De Mambret, sin que lo dude,
	a mi padre decid su casa mude

a Egipto, con familia y con ganados;
y no temáis conmigo adversos hados;
que aunque cinco años restan
a estos seguidos que hambre manifiestas,
ya acá —igloria al Señor!— mi vigilancia
aun para algunos más logra abundancia
de cuanto conducir cabe a sustento.
Con que sufriendo allá mal tan violento
bien será todos vengan
donde a mi vista en mí un esclavo tengan.»
A partir fuimos, cuando
el rey Faraón, de su grandeza usando,
al ver que de José hermanos somos
—lo dijeron quizás los mayordomos—
confirma, y aun repite esta demanda,
y con nosotros los presentes manda.

Benjamín   Y así, señor, pues veis que pesar tanto
por mi hermano nos quita el cielo santo...

Todos   Vamos a Egipto, pues que de ese modo
todo será placer, contento todo.

Simeón   iPues dicen ya que aquí no hay comamos!

Dina   Su persuasión apruebo.

Celfora   iVamos!

Todos   iVamos!

Jacob   Pues siendo aqueso cierto,
y a ese fin inclinados os advierto,
ya en seguiros no habrá qué dificulte,

como a mi Dios primero le consulte,
y, pues que ya la noche en sombras viene,
aquí ya, ¿qué os detiene?

Simeón   Vamos corriendo.

Las dos   Vamos hermanos.

Todos   Todos os seguimos
ufanos con la dicha que trajimos.

(Vanse todos, queda Jacob solo.)

Jacob   Cuando sea esta verdad de mí creída,
Dios de mi padre Isaac, y también mío,
mi religiosa fe tu auxilio pida,
porque no tengo aliento y ánimo y brío
a dejar esta tierra prometida
a mis padres; y a Egipto ir desconfío
y pues neutral mi duda ya os invoca,
luces me dad de vuestra santa boca.

(Vase Jacob. Salen Faraón, la Reina, José, Asenet, Clefo y acompañamiento.)

Música   «Dediquen aplausos
consagren afectos,
al héroe José
blasón del imperio.»

Voces   ¡Faraón viva, y José!
¡Vivan por siglos eternos!

Faraón   A tan feliz posesión,
como en dulce lazo estrecho

	entrambos gozáis ufanos,
	parabienes de mi afecto
	admitid.
Reina	Y en holocaustos
	de la deidad de Himeneo,
	perennemente encendida,
	su antorcha os alumbre, haciendo
	vuestra dicha no se apague
	a pesar de dicha y tiempo.
Asenet	Solo a fineza tan grande...
José	Solo a favor tan supremo...
Asenet	...como por vos logra el alma...
José	...como por vos goza el pecho...
Asenet	...en mí, y en mi esposo miro...
José	...en mí, y en mi esposa veo,
	cabe igual correspondencia
	si es que humilde debe serlo
	la que rendida os tributa
	un fino agradecimiento.
Los dos	Y por ambos elocuente
	explíquese mi silencio.
Faraón	¡Oh, qué vano está mi gusto
	de tan acertado empleo!
José	Mejor yo lo debo estar;

pues a más de que mi anhelo
sirvió a vuestra majestad,
y poseo como dueño
de Asenet la blanca mano,
mi ventura lisonjeo
dulcemente por mi bien,
pues en su beldad contemplo
una honestidad cumplida,
y una virtud con aumento.

Asenet   Si en mi esposo José oigo
favores tan lisonjeros
de su mérito, ¿qué debe
mi ruda voz decir, viendo
su gala y su discreción,
si cordura y su modesto
obrar, sobre cuyas prendas
que hacen amado a un sujeto,
justo le apellidan todos?
Nada; pues don tan supremo
aprecio más que la dicha
de su soberano puesto.

Reina   Ambos estáis de finezas...

Los dos   Decid de merecimiento...

Faraón   De oíros me solemnizo...

Reina   Yo también me lisonjeo.

(Sale Putifar.)

Putifar   ¡Albricias, señor, que agora

	tu padre, hermanos y deudos
	llegan a palacio.
José	¿Qué oigo?
	¡Ay, corazón! Pues, id luego,
	y a mi cuarto conducidlo.
Faraón	¡No! ¿Para qué? Que entren presto
	decid.
José	Advertid, señor...
Faraón	¿Qué hay que advierta?
José	Son groseros
	pastores. Su rustiquez
	no profane...
Faraón	Mi respeto
	lo permite.
Reina	¡Feliz nueva!
José	Dame el parabién, contento...
Asenet	Dichas, disculpad mi gozo.

(Salen Putifar, todos los hermanos, y mujeres.)

Todos	¡Hermanos!
José	Hermanos, mi pecho
	os reciba... Mas, ¡mi padre!...

(Dentro.)

Jacob	Dejad que llegue el primero...
(Sale.)	¿A dónde está mi José?
	¡Hijo de mi alma!...
José	A tu cuello
	preso con dulces abrazos,
	y en gozoso llanto envuelto.
Jacob	Mis ojos respondan. ¿Hijo,
	es posible que te veo?
Faraón	¡Qué placer!
Reina	¡Qué regocijo!
Rubén	Ya tu gusto obedecemos.
Simeón	Ya todos hemos venido.
Dina	¡Qué mármol duro, qué acero,
	no se ablanda en caso igual?
Jacob	¡Cuánto te he llorado muerto!
José	¡Benjamín!
Jacob	Antes soy yo.
	Vuélveme a abrazar de nuevo.
José	Padre, ved que están presentes
	sus altezas.
Jacob	El consuelo

de hallar un hijo perdido
me cegó, señor excelso,
para que antes no llegara
humilde, leal y atento
a que enjugasen mis canas
de vuestras plantas el riego
que les prestan los raudales
de las lágrimas que vierto.

Faraón   Alza, Jacob, a mis brazos.

Jacob   Señor, ¿favor tan supremo
a un gusano humilde? En vos
la bendición de mi inmenso
Señor Dios venga.

Reina   ¡Gran día!

Rubén   ¡Qué fortuna!

Dina   ¡Qué contento!

José   ¡Qué ventura!

Faraón   ¡Qué alegría!

Jacob   Hijo, ¿no dirás qué es esto
que te sucede y me pasa?
¡Que estoy absorto y suspenso!

José   Esto es haber, padre mío,
sus infalibles decretos
el cielo cumplido en mí,
por mi inocencia volviendo,

	y acreditar que verdades fueron de José los sueños.
Reina	José nuestro amparo ha sido.
Faraón	José alma es de mi imperio.
Putifar	Por él de vida gozamos.
Asenet	Por él dichosa me veo.
Rubén	Por él este bien tuvimos.
Simeón	Por él estuve yo preso.
Jacob	¡Y por él cuánto mis ojos lloraron al creerle muerto! Pero ya al verle dichoso, en gozo el pesar troquemos.
Todos	Pidiendo todos rendidos el perdón de nuestros yerros.

Fin de la comedia

Libros a la carta

A la carta es un servicio especializado para
empresas,
librerías,
bibliotecas,
editoriales
y centros de enseñanza;
y permite confeccionar libros que, por su formato y concepción, sirven a los propósitos más específicos de estas instituciones.

Las empresas nos encargan ediciones personalizadas para marketing editorial o para regalos institucionales. Y los interesados solicitan, a título personal, ediciones antiguas, o no disponibles en el mercado; y las acompañan con notas y comentarios críticos.

Las ediciones tienen como apoyo un libro de estilo con todo tipo de referencias sobre los criterios de tratamiento tipográfico aplicados a nuestros libros que puede ser consultado en Linkgua-ediciones.com.

Linkgua edita por encargo diferentes versiones de una misma obra con distintos tratamientos ortotipográficos (actualizaciones de carácter divulgativo de un clásico, o versiones estrictamente fieles a la edición original de referencia).

Este servicio de ediciones a la carta le permitirá, si usted se dedica a la enseñanza, tener una forma de hacer pública su interpretación de un texto y, sobre una versión digitalizada «base», usted podrá introducir interpretaciones del texto fuente. Es un tópico que los profesores denuncien en clase los desmanes de una edición, o vayan comentando errores de interpretación de un texto y esta es una solución útil a esa necesidad del mundo académico.

Asimismo publicamos de manera sistemática, en un mismo catálogo, tesis doctorales y actas de congresos académicos, que son distribuidas a través de nuestra Web.

El servicio de «libros a la carta» funciona de dos formas.

1. Tenemos un fondo de libros digitalizados que usted puede personalizar en tiradas de al menos cinco ejemplares. Estas personalizaciones pueden ser de todo tipo: añadir notas de clase para uso de un grupo de estudiantes, introducir logos corporativos para uso con fines de marketing empresarial, etc. etc.

2. Buscamos libros descatalogados de otras editoriales y los reeditamos en tiradas cortas a petición de un cliente.

www.ingramcontent.com/pod-product-compliance
Lightning Source LLC
Chambersburg PA
CBHW021933040426
42448CB00008B/1038